고장 난 꿈

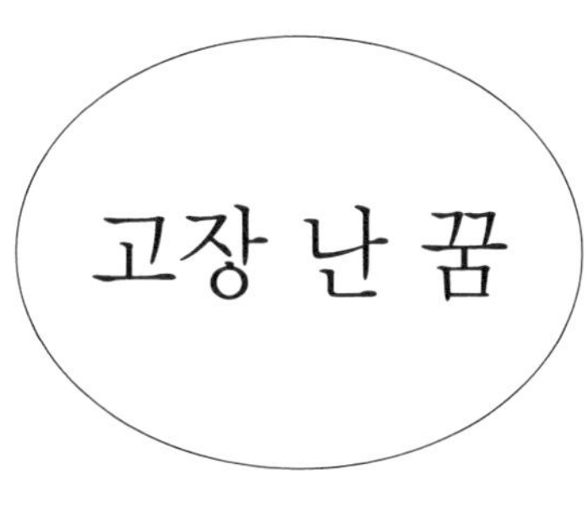

고장 난 꿈

김자흔 시집

문학의전당

自序

늙은 고양이가 울고 있다.

세상 밖은 아날린처럼 어지럽다.

한 마리 벌새가 날아와 어둠 속에 집을 짓는다.

세상 밖은 여전히 불청객이다.

2011년 첫날,
김자흔

| 차례 |

1부 첫 딸 신화기

2부 익명으로 오는 전화

3부 그건 그렇다고 말해야 한다

4부 문

1부 · · · 첫딸 신화기

불면증

대형트럭이었다
붕 뜨면서 튕겨져 나간
노파인 것도 같고 사내아이인 것도 같은
고속도로 내리막길,
가드레일 밖으로 쑤셔 박혔다
달려가 확인하니 내 얼굴
시뻘건 피 뚝뚝,
잇몸 살점에 윗니가 몽땅 뽑혀져 나왔다
내 꿈이 나는 무서워!
입김을 불어 재빨리 거울을 지운다
말짱하던 거울에서 죽은 노파가 불거져 나온다
노파의 얼굴이 내 얼굴에 들러붙는다
나는 사력을 다해 도망친다
차들이 무서운 속도로 질수한다
도로는 끝이 없다
끼익-
금속성 쇳소리,
벼랑 아래로 대형트럭이 굴러 떨어지고 있다
오오 또 꿈이다

월경

누워 있는 내 방으로
어린 계집애 하나가 살금살금 들어왔다
진열된 화장대 앞에 서서 계집애는 제 것인 양
화장품 뚜껑을 전부 열어젖혔다
화장품을 들어 흠 흠 냄새를 맡더니
드디어는 조막만 한 얼굴에 찍어 바르기 시작했다
얘야 남의 화장품으로 뭐하는 짓이니?
계집애는 돌아보더니 샐쭉 토라졌다
흥! 요까짓 화장품 몇 개 가지고?
나는 고 어린 계집애를 화장대 위에 뉘었다
그리곤 앵두 같은 하초를 벌려
빠알간 속살을 발라냈다
마당 수돗가에선
이웃집 남자가 인부인 듯한 젊은 남자와
수돗물을 촬촬 틀어놓고
큰소리로 웃으며 삽을 씻고 있었다
내 아랫도리로 식은땀이 배어 나왔다
월경月經이었다

복달임

대낮 현관문을 걸어 잠그고
선풍기 바람을 돌려놓고
땀을 훔쳐가며
살점을 뜯어 먹는다, 딸꾹
눈알을 파먹고
발라낸 뼈다귀를 넣어
육수를 우려낸다
그 국물에 한 대접 밥을 말아
남김없이 먹는다
나중 후식도 좀 남겨야겠네
혓바닥은 노릇하게 구워
맛소금 간을 치고
간덩이는 곱게 다져
마늘 소스에 버무린다
연골은 차게 식혀
웰빙 푸딩을 만들어야지

복날에 개기름 뻘뻘 흘려가며 아비 하나를 통째로 복달임했네.

인사동, 그 불온한 관계

오늘 처음 만난 나와 당신이 불온한 관계를 맺고
주춤주춤 인사동으로 걸어 들어갈 때
당신은 내게 하나의 얘기를 들려주었다
언젠가 당신 홀로 인사동거리를 헤맬 때
툭툭 어깨 스치는 인파 속에서
문득 고향의 어머니가 생각났다고 했다
등잔불 아래서 조용히 바늘귀를 꿰는 어머니,
그때 왜였을까 어머니라든가 바늘귀라든가
당신이 꺼내는 말을 듣는 순간,
나는 다음에 오는 모든 말들을 귓등으로 세워두고
한 마리 낙타를 떠올렸다
어쩌면 낙타 한 마리가 고독한 세월을 등짐지고
먼 사막을 지나 이곳으로 올지도 모른다고 생각했다
그러자 신기루처럼 정말로 눈앞에 낙타가 나타났다
좁은 바늘구멍을 통과한 낙타 한 마리가
메마른 사막의 문을 열고
겅정겅정 인사동으로 들어서고 있었다
낙타는 긴 목으로 이리저리 사방을 기웃대더니
정확한 보폭으로 걸어와서는 바늘귀를 꿰는
당신 어머니의 품에 덥석 안기는 것이었다

콧김을 불어대며 히힝 어머니! 부르는 낙타는
영락없는 당신이었다

……이제당신과나의거리는점점침묵으로멀어지고있다……

당신은 저만큼 야자수 잎사귀를 흔들며
뚜벅뚜벅 인사동문을 걸어 나가고
나는 멀어지는 당신 뒷모습을 말없이 바라보다가
한 번 더 당신과
불온한 관계를 맺고 싶었다

나는 밤을 살지 않았다

나는 꽃입니다. 나는 깃털입니다. 나는
신들의 축복이고 거울입니다. 나는 노래입니다.
나는 꽃을 비처럼 내리게 하고, 나는
노래를 비처럼 내리게 합니다.
–옛 아스텍의 참배자들의 기도

어둡고 경계하는 낯선 눈빛, 그때 나의 세계는 이상한 세계였다 내가 통과할 수 있는 출구는 너무 거대했고 동시에 매우 건조했다 그 조용한 출구로 내가 떠나가고 있었다 나는 밤을 살지 않았다 심한 광기와 신비, 최소한의 거리감과 부드러움 혹은 태양과 기쁨의 일부,* 그러나 보이는 것은 아무것도 없었다 따뜻하고 환한 빛에 가려 나는 언제나 혼자였다 가장 생생한 동시에 가장 오래 버려진 나뭇잎 색깔로 내가 누워 있었다 모든 것이 주인인 내가, 내 영혼이 홀로 거기에 누워 있었다 나는 자살하지 않았다 다만 가벼이, 아주 가벼이 죽음으로 돌아갔을 뿐, 밤의 동요 속에서 빛바래진 옛 동화처럼 조용히 죽음의 요소들을 즐겼을 뿐이다 그러나 누군가는 나를 잊지 않을 것이다 그 밤, 순차적 흐름을 역행하는 질서에 맞서 낯선 시간의 출구를 말없이 통과하였으므로 결코,

*프리다 칼로, 『프리다 칼로』

아이가 고양이를 먹고 있다

아이가 공중전화부스 안에서 고양이를 먹고 있다 길바닥에 던져진 쓰레기봉지처럼 고양이 내장이 비죽 쏟아져 나와 있고 제대로 자라지 못한 아이 등은 잔뜩 구부러져 있다 아이는 송곳니를 세워 내장을 끊어낸다 내장이 흘러내리자 재빨리 곱사등을 일으켜 내장을 움켜쥔다 질긴 내장을 씹으며 경계를 늦추지 않느라 아이의 미간은 팽팽히 경직돼 있다 찢겨진 비닐봉지가 가로등 불빛 아래서 펄럭인다 아이는 파헤쳐진 고양이 뱃속을 휘저어 따뜻한 간을 꺼내든다 간을 먹는 아이의 입술이 파리하다 이따금씩 부정한 기운을 타고 죽은 고양이울음이 공중전화부스 안을 맴돌지만 아이는 아랑곳없이 길게 자란 손톱을 내세워 마지막 남은 심장에 이빨을 박는다 비쩍 마른 손가락 사이로 따뜻한 피가 흘러내린다 작은 혓바닥을 내밀어 아이는 손가락 마디마디를 핥는다 어둠 속에서 죽은 고양이 눈알이 치아옹지아옹 비명을 질러댄다 고양이 한 마리를 깨끗이 먹어치운 아이는 공중전화부스 벽에 곱사등을 웅크려 곤한 잠에 떨어진다 자정 넘은 시간 또 다른 아이가 조심조심 공중전화부스 안으로 들어서고 있다

초조初潮

엄마는 샘물 속에 똬리를 틀고 앉아 있었다
나는 방안에서 기어 나와 엄마를 불렀다
엄마 목이 말라요
얘야 저 복사꽃이 빨갛게 터져 나와야 한단다
엄마는 샘물가에 있는 복사꽃나무를 가리켰다
엄마 내 몸에도 열꽃이 번지고 있는 걸요
나는 샘물 앞에 엎드려 힘들게 목을 축였다
샘물 돌 틈 사이로 알 밴 가재가 들락거렸다
엄마 저 알 밴 가재를 먹고 싶어요
얘야 무슨 부정 탈 말을……
엄마가 끄응 일어나 돌아앉았다
복사꽃이 톡톡 망울을 터트리기 시작했다
엄마 속이 자꾸 메슥거려요
나는 웩웩 게움질을 해댔다
얘야 이젠 때가 되었구나
엄마가 똬리를 풀어 탁탁 물결을 쳤다
기다렸다는 듯이 알 밴 가재가
빨간 새끼들을 와르르 쏟아냈다
가재새끼들이 달려들어 한입에 엄마를 삼켜버렸다
흡 엄마—

나는 까무룩 정신을 놓아버렸다
아랫도리로 열꽃이 마구 터져 나오고 있었다

흔들리는 거울
–엄마엄마나죽걸랑

거울이 흔들리고 있다

새로 도배된 보랏빛 소용돌이무늬 벽에 어제 이사 온 거울이 흔들리고 있다

흔들리는 그 거울을 마주하고 여자가 젖은 머리카락을 빗질하고 있다

흔들리는 거울 속으로 주름진 노파가 나타난다

벽걸이에 목매달아 죽은 노파가 오늘은 거울 속에서 호죽호죽 웃고 있다

흰 양말 등에 피어난 빨간 꽃물을 내려다보며 노파는 잘잘잘 거울을 흔들어 댄다

'엄마엄마나죽걸랑앞산에다묻지말고뒷산에다묻어줘' 여자는 물기 뚝뚝 듣는 머리카락을 빗어 내리며 노랫말을 풀고 있다

밀어 올리듯 밀어 당기듯 여자의 노랫말에 맞춰 노파가 클클클 양 볼을 움직거린다

'비가오면덮어주고눈이오면쓸어줘' 그네를 띄우듯 노파와 여자가 멀어졌다가 가까워졌다가 천연덕스럽게 흔들리고 있다

열어놓은 바람에 보랏빛 벽 무늬가 출렁 소용돌이를 일으킨다

흔들리던 거울이 소용돌이 속으로 힘없이 빨려 들어간다

동시에 클클대던 노파의 웃음도 하얗게 지워진다

'내친구가찾아와눌으면나숙었다고하지마' 흔들리는 거울 앞에서 한 여자가 처량한 노랫말로 젖은 머리카락을 빗어 내리고 있다

아버지의 우화

아버지 똥간에 빠져
온 집안을 똥냄새로 진동시켰다
똥간에 빠져 목숨이 위태롭던 날을 전부 잊은 듯
아버지 술버릇은 점점 고약해져
툭하면 똥간으로 기어들었다
여름내 바글대던 구더기 오글오글
아버지 목을 타고 올라와 우화했지만
근질근질 돋지 않는 아버지의 겨드랑이 날개,
아버지는 똥파리도 되지 못했다
겨우 앞다리 비비는 소리로 낮게 웅얼거릴 뿐이었다
똥간에서 허우적대는 아버지를 끌어다
안방에 뉘이고 화롯불에 고구마를 구웠다
친구가 사립문에 와서 또 나를 불렀다
내심 아버지의 똥내가 불안했지만
친구는 여전히 별다른 내색이 없었다
윗방 고구마 광이 바닥을 드러내기 시작했다
나도 아버지의 똥냄새가 지겨워지고 있었다
아버지는 아침부터 똥간에 웅크리고 앉아
더 이상 나오기를 거부했다
나는 똥간 앞에 버티고 서서 참을성으로 기다렸다

드디어 아버지 겨드랑이에 날개 돋는 것이 보였다
날개는 조금씩 조금씩 자라나고 있었다
날개가 자랄 때마다 아버지는 날개를 움직거렸다
이윽고 때가 왔다는 듯
아버지는 천천히 몸을 일으켰다
날개를 세워 탁탁 똥물을 털어내더니
단숨에 똥간 위로 날아올랐다
마침내 섣달 그믐달이 지고 있었다

붉은 마술

자, 아이야 이건 마술이란다
여자는 가랑이를 활짝 벌려보였다
가랑이 사이로 붉은 점들이 홧홧 터져 나왔다
아아 멋져요
계집아이가 짝짝짝 박수를 쳐댔다
여자는 가랑이 사이를 내려다보며 붉은 점이 박힌
거즈타래를 차르륵차르륵 뽑아냈다
실타래 풀어지듯 거즈타래는 한없이 딸려 나왔다
하품을 해대며 아이가 짝짝 박수를 보탰다
자, 아이야 이건 새로운 마술이란다
여자는 거즈타래를 가늘게 찢어 한입에 삼켜버렸다
하품을 죽이던 아이 눈이 반짝 빛났다
여자가 양쪽 볼을 움직거리자
입안에서 홧홧 꽃봉오리가 피어났다
여자는 입을 열어 붉은 꽃송이를 꺼내들었다
꽃 넝쿨이 차르륵차르륵 함께 딸려 나왔다
아아 정말 훌륭해요
계집아이가 진심으로 박수를 쳐댔다
여자는 꽃 넝쿨을 아이 목에 친친 돌려 감아주었다
애야 너도 한때는 이 가랑이 사이에서 살았단다

이제는 너무 캄캄해져 생명이 살 수가 없어요
그래서 삼신할미가 마술을 부려놓은 거란다
여자는 아이 목에 감긴 꽃 넝쿨을 도로 풀어
가랑이 사이로 천천히 밀어 넣었다
가랑이 사이는 깊어서 마냥 붉은 타래를 지었다
아아 정말 신기해요
계집아이가 활짝 웃음을 터트렸다
여자는 한 방울 눈물을 또록 떨어뜨리더니
아이의 귀에 대고 비밀처럼 속삭였다
얘야 그렇지? 나도 이 마술은 늘 신기하단다

젖 시 한 채
–안현미 시인

요즘 그녀의 시 쓰는 화두는 오로지 젖이란다
화두까지는 아니더라도
한동안 시 속에 젖을 풀어 놓을 생각이란다
그래 그런지 함평 찾아가는 문학버스 안에서
꽃무릇이 다 졌을 것이라는 동행 시인의 말에
"뭐라고요? 젖이 다 젖어버렸다고요?"
대뜸 젖으로 들이미는 그녀의 우문,

그녀의 시 속에 등장하는 젖은 아직은 비루해서
이제 겨우,
젖동냥 젖비 젖울음 정도

젖감질젖꼭지젖꽃판젖내젖당젖니젖동생젖멍울젖배젖부들기젖비린내젖샘젖송이젖어미젖줄젖털젖통이

이 많은 젖의 재료를 섞어 어떤 시를 낳을지는
무릇 그녀의 몫,
발효된 젖 시 가득 쟁여 놓았다가
가난한 시인들에게 詩젖 한 사발씩 푹푹 떠주는 일도
꽤 재미진 일이 아닐까

지상에 아직 집 한 채 마련치 못한
그녀, 이제 머잖아
보얀 젖들이 꽉꽉 들어찬
언어의 詩家 한 채 안을 수 있겠네

첫 딸 신화기

꼿꼿이 치켜든 붉은 대가리가 삼켜버릴 듯이
내게로 덤벼들고
집안의 업신이여!
엄마가 달려오며 소리쳤다
나는 겁에 질려 무턱대고 지겟작대기만 휘둘렀다
저 징글징글헌 년!
엄마가 설레설레 혀를 내둘렀다
나는 흰자위를 굴리며 엄마의 부지깽이를 피해
정신없이 달아나는데,
자꾸만 입속이 타들어갔다
길다란 몸뚱어리가 꼬리를 달랑거리며
무섭게 쫓아오더니, 기어코,
내 가랑이 사이로 쑤욱 대가리를 들이밀었다
아악!
나는 그만 혼겁해서, 고래고래 소리를 질러대며,
가랑이 쩍 벌려, 젖 먹던 힘을 다해,
축축한 알몸을 미끌텅 뽑아냈다
막 한숨을 돌리는데,
울어! 빨리 울음을 터뜨리란 말야!
늙은 간호사가 겁먹은 눈알을 굴려대며, 들어올린

4.8킬로그램 핏덩이 계집애의 볼기짝을
사정없이, 찰싹 찰싹 내려치고 있었다

홀로 쓰는 아비의 일기

아비는 여전히 사람들 틈에 끼지 못하고
홀로 자신의 일기를 쓰고 있었다

언제부터인가 오일 장날이면 늘 그 자리에
아비가 앉아 있었다
말린 지네를 쌓아놓고 지네처럼 납작하게 눌러앉아
오로지 나무절구에 지네 몸통을 빻고 있었다
젊어서도 남과 어울리지 못하고 늘 외로
고개 틀고 다니던 아비,
그 아비가 아직도 중앙 통으로 편입하지 못한 채
시끄러운 도로가 한 자리를 맞춤하고
겨우 자신의 거처를 알리고 있는 중이었다
신호등 앞에서 깜짝 생각난 듯 뒤돌아보다가
'뭐 하나 소용되는 게 없어'
휙 고개 돌려 늙은 아비를 외면하는데
흙바람이 불어와 캡슐 안에 담겨지는
지네가루를 훅 날려버렸다
양손 가득히 저녁거리를 사고 들고
많은 걸음들이 무심히 아비의 좌판을 지나쳐갔다

아비는 도로바닥에 고개를 붙박인 채
반복적으로 지네가루만 담아내고 있었다
그때 비루한 좌판을 주시하던 똑 아비 닮은
아낙 하나가 다 큰 딸을 옆에 세워두고
목하 아비에게 흥정을 놓는 것이었다
뜻밖의 목도에 닫힌 두 귀 쫑긋 열고
오가는 말을 탐색하는데
빨리 건너가라는 푸른 신호등에 등 떠밀려
영영 아비의 소용가치를 놓쳐버렸다

사랑에 관하여

광화문 사거리 공중전화부스 안에서 나는 당신에게 꽝 꽝 꽝 내 마음을 찍어대고, 올 듯 말 듯 당신은 여전히 오리무중이고, 나는 기다림이 무서워 펄떡거리는 내 심장을 꺼내 길바닥에 펼쳐놓고, 여긴 뜨거운 무덤 속이에요 수증기가 자욱이 깔려 있죠 낮은 목소리로 내가 웅얼거릴 때, 당신은 이제 막 졸린 눈곱을 떼 내며 느릿느릿 내 심장을 곁눈질하고, 당신에게 나는 이렇게 자신이 없는가 생각할 때 지하도 공사판 기계가 파르릉 소릴 내지르고 내 젖은 눈썹 위로 푸른 낮달이 흐르고, 나는 숨을 곳을 더듬거리다 기어이 공중전화기 속으로 몸을 숨기고, 오만한 당신이 느리게 나타났을 때 나는 내 작은 몸을 돌돌 말아 구멍 속에 더 깊이 숨겨놓고, 늘 그랬듯이 당신은 눈 한번 꿈쩍 없이 뜨거운 입김 하나로 아주 쉽게 숨은 날 찾아내고, 엉뚱하게도 내가 할 수 있는 말은 오직 이것뿐이라서 날 좀 안아줘요!

당신의 심장 속에 무례하게 날 가두어 버리는
당신은 당신은

암탉은 날고 있다

사위 사랑은 장모란 말을 아이는 아직 모른다 아이는 암탉모가지에 나일론 줄을 감아 걸고 이리 와 이리 와 용쓰고 있다 줄이 세게 당겨질수록 암탉의 두 눈은 휘둥그레 겁먹어 새빨간 발가락 사이로 시멘트바닥을 긁는데, 아이는 한 발 한 발 햇볕 쨍쨍한 층계를 오른다 새처럼 날려보고 싶은 아이, 옥상 난간에 우뚝 서서 양 날갯죽지 번쩍 들어 재빨리 놓아버린다 꼬꼬댁 쇳소리 허공에서 비척대며 곤두박질치는,

암탉은 날고 있다, 훨훨 콘크리트 거대한 회색 담장 위로 훠얼훠얼훠어얼 멀리 시골마을 노인들 볕드는 담벼락 앞에 쭈그려 앉아 토독토독 곰방대 두드리고 햇병아리 오종종 두엄 더미 헤집어 어미닭이 들려주던 옛날 얘기를 떠올리는 것이다 …… 옛날옛날어느마을에황금알을낳는신기한암탉이있었지욕심많은늙은내외하루한알로는성이차지않아어느날닭모가지를비틀었더란다그순간폼나던기와집은사라지고늙은내외두고두고후회했다는얘기지…… 이제, 그 옛날 얘기마저 하얗게 지워지고 암탉은 붕이 되고자 겹겹의 시간 퇴화된 날갯죽지 퍼덕여 먼 전설 속으로 날아오를 꿈에 부풀어 있다

٣

2부

익명으로 오는 전화

거기에 네가 있다

질 속으로 내가 흘러들어온다 질 속은 무한한 생명의 창고, 어두운 질 속에서 생명이 발아되고 있다 가는 혈맥 속으로 연초록 실뿌리가 돋아난다 알몸의 네가 어두운 질 속에서 나를 잉태한다 너는 내게 새로운 생명을 부여했다 질 안에다 나를 편히 뉘이고 생명의 탯줄을 꽃의 태양에 연결시킨다 태양의 양분이 나에게로 전이된다 태양의 꽃술을 받아먹으며 나는 무럭무럭 자라난다 어느덧 부여받은 초록생명은 어두운 질 속을 초원으로 가득 채워 놓는다 꽃의 태양이 내게로 흘러든다. 부드럽게 스며드는 태양의 정령, 나는 두 눈을 감고 양팔을 크게 벌려 태양의 정령을 받아들인다 마침내 초록물결을 이루는 눈부신 꽃의 태양, 나는 질의 외계를 돌아 꽃의 태양 속으로 사라진다 알몸의 내가 다시 질 속으로 들어간다 또 다른 생명을 부여받은 네가 거기에 있다

목내이

한 구의 살아 있는 미라를 보았다
인공위성이 찍어 보낸 화성의 분화구처럼
숭숭 삶들이 빠져나간 육신의 구멍,
가만히 들여다보면
구멍 뚫린 분화구에 물 흐르던 흔적이 보인다
지금 미라는 협곡의 물줄기 찾아 헤매는가
숨소리 가랑가랑 잦아들고 있다
드러난 열두 쌍의 늑골을 차례로 누이고
미라가 앙상한 무릎 뼈를 곧추세운다
짧은 빛살 분화구 속으로
푸스스 떨어져 내리는 살비듬들,
마른 입술이 하얗게 타들어간다
드디어 물꼬를 찾아낸 걸까
힘겨운 손짓으로 미라가 교신을 보낸다
먼 길 어떻게 왔느냐고
송출한 무전을 감지한 순간,
미라의 흉부가 거칠게 들썩인다
이마에 가 닿은 손길 황급히 거두며
재빨리 미라의 무선송출을 차단시킨다
분화구를 적시는 뜨거운 눈물!

폐암구멍에 링거 줄 하나 꽂지 못한
한 구의 미라,
그 미라가 더듬더듬 협곡의 물길을 찾아 헤매고 있다

三伏제의 축제

털 뽑힌 닭들이 쟁반에 나란히 앉아
제 살을 뜯어먹고 있었다
먼저 왼쪽다리 하나 잡아 당겨서는
흠 연한 맛이네! 냠냠대더니
다음엔 오른쪽 날개 한쪽을 떼 내서는
쪼옥쪼옥 기름지게 빨아대는 것이었다
제 살점을 뜯어먹는 닭이 있다니
놀란 입을 다물지 못하는데
닭들은 계륵계륵 이상한 웃음들을 쏟아내며
이곳저곳 맛있는 부위 찾아
골고루 제 살맛을 즐기고 있었다
입가에 반질거리는 기름을 묻혀가며
저희들끼리 장난치고 계륵거리다가
다리 하나 툭 잡아떼서는
서로서로 상대방 입에 넣어주기도 했다
분위기는 넘치고 넘쳐나서 나중에는
닭들이 한꺼번에 쟁반에서 뛰어내려
팡! 팡! 팡!
알몸의 춤을 추어대는 것이었다
어쩌다 저리 되었을까, 엄숙해야 할 삼복제의를

저것들 스스로 변이시킨 것일까
비잉빙 거침없이 원무를 그려대는
알몸의 닭들이 가없어, 그것들을 재빨리 끌어다가
흰 쟁반에 눌러 앉혀놓고
삼복더위 몸보신을 제대로 해버렸다

두 어미의 잠

어미 바퀴벌레가 알을 까고 있다
여섯 개의 다리가 쉼표로 버둥거리고
두 개의 더듬이는 말줄임표로 떨고 있다
열세 시간의 암전
양수도 없는 꽁무니에 알집은 끈질기게 매달려 있다
멸종 없는 화석으로 남겨놔야 해!
깨나지 않는 새끼를 위해
어미는 소리 없는 비명을 질러댄다
응아!
한 생명이 울음을 터뜨린다
가위 어디 있느냐!
새벽을 깨우는 산모의 쇳소리,
탯줄이 잘리고 드디어 알집이 터진다
징글징글 깨나는 허연 바퀴새끼들,
미역국 끓여내거라!
산모는 젖무덤을 꺼내
핏덩이 아기 입에 밀어 넣는다
서른네 마리 실낱 같은 새끼바퀴 다리가
사생결단으로 제 어미를 벗어나고 있다
어미바퀴의 떨림이 고요히 잦아든다

점점 깊어지는 암전
두 어미가 하얀 잠을 자고 있다

익명으로 오는 전화

다르릉 다르릉 전화가 울고 울면서 전화기가 걸어 나오고 또 다시 전화가 울고 울면서 전화기가 다르릉 다르릉 걸어 나오고

엄마는 자꾸만 겨드랑이가 가렵다고 했다
가려워서 긁다보면
굼실굼실 죽은 외할머니가 나타난다고 했다
젖 줘! 젖 줘!
허옇게 머리 풀은 외할머니가
엄마 가슴팍을 파헤치며 마구 달려든다고 했다
엄마는 내게 줄 젖도 모자랐다
그래서 엄마는 사라졌다
배고파 우는 나를 네모난 상자 속에 가둬놓고
소리 없이 사라져버렸다
그날부터 전화가 울기 시작했다
배고파 잠이 들면 다르릉 다르릉 전화가 울고
꿈결처럼 다르릉 다르릉 전화기가 걸어 나왔다
젖 달라 보채는 외할머니 쉰 소리가 들리고
정신없이 겨드랑이를 긁어대는 엄마가 보였다
젖 줘! 젖 줘!
엄마 젖가슴을 가로채며 머리 허연 외할머니가

심술 사납게 나를 밀쳐내고 있었다
슬프게도 그래서 엄마는 나를 가두었다
네모난 상자 속에 나를 감금시켜 놓고
어느 날 엄마는 소리 없이 사라져버렸다

다르릉 다르릉 계속해서 전화가 울고 울면서 전화기가 다르릉 다르릉 걸어 나오고 나는 아직도 사라진 엄마를 찾지 못했다

능소화

여자는 애인을 기다린다 저만큼 성벽 아래서 애인이 나타난다 애인은 젊고 싱그럽다 여자의 심장이 쿵쿵 타악기 소리를 낸다 애인 발걸음이 쿵쾅쿵쾅 이중주를 울린다 여기야! 여자는 초록잎사귀를 팔랑 흔들어 보인다 애인 얼굴에 싱긋 볼웃음이 패인다

성벽 길은 구불구불하다 애인이 앳된 소녀 뒤를 따라 간다 앞서 걷는 소녀는 봄꽃처럼 해사하다 여기라니까! 여자는 재빨리 애인을 불러 세운다 애인은 무참히 여자를 지나친다 뭔가 일이 잘못되어가고 있어! 여자는 달려나가다 말고 자신의 옷매무새를 살핀다 비로소 자신의 웃통이 벗겨졌다는 사실을 알아챈다 혹처럼 대롱대는 젖가슴, 젖가슴은 바짝 시들어 있다 여자는 소리친다 오, 이건 여자가 아니야!

여자는 웅얼웅얼 낮은 소리를 내며 성벽 길을 내려선다 그래, 이건 누구 탓도 아니라고! 여자는 비쩍 마른 젖가슴을 흔들거리며 성벽 모퉁이로 돌아간다 여자 발걸음이 점점 빨라진다 잰걸음은 이내 여자의 모습을 감춰놓는다 한 소녀가 통통한 젖가슴을 내놓은 채 또 성벽 위로 기어오르고 있다 살인적 폭염이다

열락의 오후
–사루비아꽃 아래서

터져 나온 피가 사루비아처럼 붉다
마을은 온통 정적뿐인데
목둘레 꽃 대님 무늬가 햇살에 눈부시다
벌개미들이 달라붙어 터져 나온 피를
정신없이 빨아대고 있다
가는 꼬리는 뜨거운 햇살에 말려들어가고
새빨간 피는 햇살을 되쏘고 있다
마을 앞 정적의 길바닥에서 벌어지는
우주적 합일!

아담아, 오후에 마실 나왔던 아담아, 마을이 하도 심심해 사루비아꽃을 따러 나오던 길이었구나 사루비아꽃 하나 목에 걸고 젊은 이브 찾아 나서던 길이었구나 마을엔 쭈그렁 젖퉁이를 내놓고도 부끄러움 모르는 늙은 이브만 남아 '봄 열어라 이브야 네 몸에 다시 뜨거운 피 돌려라' 기다림의 세월마저 다 소진된 늙은 이브를 슬금슬금 꾀어내다 사루비아 온몸에 불 질러놓고 기꺼운 마음으로 열락 든 꽃 대님 아담아

한 마리 터져 나온 뱀의 피가 온 마을을 취하고 있다

뜨거운 풍경

(여자가 차문을 내려서다 말고 새된 비명을 지르고, 선글라스의 사내가 다급하게 재시동을 걸고, 멈칫 흔들리는 경계 사이로 팽팽한 막이 쳐지고, 자동차 뒤 번호가 난폭한 속도로 튕겨 달아나고)

간발의 차이로 인도로 올라서지 못한 어린 짐승은 내장을 끄집어 벌려놓고 차도에 누워 버렸다 이빨 앙 사려 물려진 침묵 사이로 삶의 찌꺼기가 달라붙는다 부글부글 끓어오르는 날 것에 대한 기억들, 그 기억들이 정적을 깨뜨리며 빠르게 교차한다 뻣뻣하게 경직되는 時針 위로 차도는 검은 아가리를 벌리고 있다 싸늘한 공기를 밀쳐내며 어둠이 사납게 몰려온다 한줌거리도 되지 않는 내장을 향해 가래를 칵 뱉어내고는 어둠은 뒤도 돌아보지 않는다 으, 으, 으, 격발되지 못한 울음이 허공으로 비어져 나온다 빵빵 울려대는 경적소리, 앙 다물어진 이빨 하나가 기어이 공중으로 튀어 오른다 신호등하나물고늘어지는것쯤이야일도아니지! 목덜미 잡힌 붉은 신호등이 사정없이 끌려 내려진다

버스가 달려온다 굴욕스런 주검 위로 육중한 삶의 무게가 실린다 잠시 경배할 틈도 없이 길게 뻗은 다리를 납작하게 눌러

보고는 버스는 황망히 달아난다 너덜해진 몸피 한 조각이 발딱 일어나 뒷바퀴에 달라붙는다 악착같이 뒷바퀴에 따라붙어서,
왈 왈 왈

자화상

거울 속으로 한 여자가 들어온다 거울 밖 여자가 놀라 다가선다 서로의 눈빛이 표면에서 흔들린다 "엄마, 나도 엄마가 돼 있어요" 거울 밖 여자가 속삭인다 얘야 그렇구나 벌써 그렇게 됐구나 거울 속 여자는 마른입을 달싹인다 "그동안 엄마의 부재는 너무나 힘들었어요" 그랬구나 거울 속 여자는 슬프게 웃는다 "엄마 나는 아주 오래오래 살 거예요" 거울 밖 여자의 목소리에 힘이 들어간다 그럼 그래야지 그래야 하고 말고 "내가 일찍 죽는 건 상관없지만 딸한테 대물림 줄 수는 없어요" 정말 미안하구나 거울 속 여자는 힘없이 고개를 떨어뜨린다 "엄마 일찍 죽지 마, 열일곱 딸애가 매일 주문을 걸어오거든요" 그래 그래 아주 기특한 딸을 두었구나 "나는 위장이 튼튼해서 먹은 음식 도로 게워내지도 않아요" 그건 정말 고마운 일이지 잠시 침묵이 흐른다 "그런데 엄마는 하나도 변하지 않았어요" 거울 밖 여자 목소리가 한 옥타브 올라간다 거울 속 여자는 움칫 놀라 한발 물러선다 "처진 눈 꼬리랑 이마의 주름살까지 그대로예요" 얘야 나는 예전에 이미 죽었단다 거울 속 여자는 두 눈을 감아버린다 "이렇게 보니 나는 엄마를 쏙 빼닮았어요 마흔넷, 나이까지 똑같아요" 이제 거울 속 여자는 말이 없다 거울 표면만 부옇게 흐려지고 있다

어제의 농담

태아가 처마 끝에 매달려 있었다
거꾸로 매달려 눈물을 떨어뜨리고 있었다
아가야 왜 거기에 매달려 있는 거니
태아는 대답 없이 실눈만 깜빡거렸다
나는 양수가 부족한가 생각했다
태아를 따서 큰 유리병 속에 담아두었다
태아 눈물이 거품으로 넘쳐났다
태아는 거품에 싸여 어지럽게 돌고 있었다
아가야 양수가 더 필요한 거니
나는 불안해진 눈으로 태아를 들여다봤다
태아는 여전히 실눈만 깜빡거렸다
아가야 사는 건 다 고행이란다
나는 혀끝으로 눈물방울을 톡톡 찍어냈다
비릿한 살내가 코끝을 사극했다
실눈만 깜빡이던 태아가 삽사기 웃음을 터뜨렸다
이게 농담이란 건가요
태아가 눈알을 쑥 잡아 뺐다
찰나에 모든 것이 캄캄해져 버렸다

나비와 유리벽

나비 한 마리 유리벽을 타고 오른다

눈멀고 귀먹어 무거운 날개를 달싹거리며 젖은 무릎으로 유리벽을 기어오른다

사방에서 떨어져 내리는 눈물의 꽃숭어리들, 투신한 꽃술이 뚝뚝 눈물을 받아먹고 있다

낮은 벽 아래로 민달팽이 느릿느릿 맨 바닥을 지나고, 무엇이었더라 그 무엇이었더라

힘껏 두드려도 열리지 않는 세계, 찬란한 은빛 날개 무늬에 실금이 그어진다

금간 통점을 건드리자 파닥파닥 한쪽 날개가 떨어져나간다

어쩔 수 없이 접힌 무릎으로 유리벽을 기어오르는 나비의 숙명, 누가 저 나비를 유폐시켰나

누가 견고한 저 유리벽에 파닥이는 나비의 아픈 날개를 감금시켰나

견고할수록 더욱 투명하게 들여다보이는 유리벽 사이로 젖은 날개 파닥이는 나비 한 마리

춘몽 씨 이야기

그러니까 고양이가 게으른 하품을 해대던
오후였더란 말이지?
커피에 비스킷을 찍어먹으며
국어사전을 들추고 있었더란 말이지?
교신 수신 송신 발신 착신
뭐 이런 통신 단어들을 찾고 있었더란 말이지?
그런데 나른한 햇살이 창문을 비집고 들어와
자꾸만 졸음이 쏟아지더란 말이지?
혼몽해져서 그만 들고 있던
사전을 툭 떨어뜨렸더란 말이지?
엎어진 김에 쉬어간다고
에라, 낮잠이나 한숨 자두자
사전을 베고 오수에 빠져들었더란 말이지?
그때 배꼽 위로 무엇이 떨어지더란 말이지?
나는 여기에 있어
작은 발광체가 꽁무니를 흔들어대며
단어 속을 마구 헤집고 다니더란 말이지?
꽁무니를 흔들 때마다 꽁무니 끝에
무엇이 대롱대롱 매달리더란 말이지?
이크, 이게 뭐야

얼른 받아보니 좀 전 사전 속에서 찾고 있던
통신수단의 뜻 말이더란 말이지?

이것 봐, 춘몽 씨
그러니까 지금까지 얘기는 전부가 사실이란 말이지?
그러니 의심 없이 믿어달란 말이지?
에이, 그런 꿈 같은 얘기가 어딨어?

환몽

그러니까 활자 위에서 꽃비늘을 반딱거리며 날쌔게 향기 물씬한 찔레꽃을 스쳐가는 두 마리의 실뱀*을 읽고 있는 중이었죠 그런데 어머나! 노랗고 빨간 꽃무늬를 늘어뜨린 뱀이 느릿느릿 활자 위를 걸어가고 있었죠 그 곁에는 한 소녀가 한가로이 산보를 하고 있었죠 소녀는 기겁하여 뱀을 내쫓으려 하지 않았고 뱀도 긴 혀를 날름거리며 소녀의 정강이를 물러들려 하지 않았죠 태초부터 죽 그래왔다는 듯이 소녀와 뱀은 부드럽게 발맞추어 걸어가고 있었죠 뭐 이상하다면 이상하달 수도 있는 일이었죠

나도 두 팔 늘어뜨리고 한참을 그들 뒤를 따라 갔죠 그런데 어머나! 이번엔 까만 나비 한 쌍이 햇빛에 꽃비늘을 반딱거리며 팔랑 활자 위로 날아드는 거였죠 그것은 지극히 짧은 순간이어서 실재였는지 그림자였는지는 딱히 설명될 수 있는 상황은 아니었죠 다만 어린아이 장난치듯 봄 햇살은 졸음 잠긴 눈꺼풀에 앉아 잠시잠깐 환몽도 부릴 줄 안다는 거였죠

가만, 그러고 보니 아까부터 통유리를 통과한 햇살이 책상 위에 올라앉아 다글다글 졸고 있는 거였죠

* 천경자, 『천경자의 환상여행』

유예된 사월

오랜 시간을 비워두고 침묵하고 또 침묵하지만 우리가 바라는 것은 이것이 아니었다

여기저기 꽃들만 벙글지 않는다면 이 사월을 견딜 수도 있을 것 같았다 시간은 윤회 속에 반갑지 않은 계절을 부려놓고 어제는 사월의 벤치에 앉아 젊은 여자가 손목을 부여잡고 한참을 숨죽여 울었다 좁은 어깨가 흔들릴 때마다 여자는 미래의 긴 시간을 더듬었다 시간은 어느 쯤에 가서야 평온한 삶을 풀어놓을까 아직도 오지 않는 봄을 기다리느라 여자는 한동안 빈혈에 시달렸다 여지저기서 꽃들이 펑펑 쏟아져 나와 사월은 더욱 춥고 여자의 손목에서도 꽃망울처럼 멍울멍울 핏방울이 솟아올랐다 여자의 입가에 또 다시 숨죽인 울음이 매달렸다 벤치 아래로 흙바람이 지나가고 핏기 없는 손목을 그러안은 채 여자는 몸을 일으켜 사월의 벤치를 떠났다

오랜 시간을 침묵하고 또 침묵하지만 우리가 바라는 사월은 여전히 춥고 멀기만 했다

후두염을 앓다

어머니, 닭털을 뽑고 계시다
말문 늦게 트인 내가 냉큼 주워 귓등에 꽂는다
귓등으로 모락모락 김이 오른다
어머니, 입술 사려 물고 닭털을 뽑고 계시다
나는 한 움큼 깃털을 주워 단추 구멍에 꽂는다
시린 손끝에 힘을 쓰느라 귀뿌리가 달아오른다
어머니, 뜨거운 물 한 바가지 끼얹어 닭털을 뽑고 계시다
내 외투 깃에 탁탁탁 깃털이 달라붙는다
깃털을 세느라 나는 흐르는 침을 삼키지 못한다
어머니, 닭 모가지 볏짚에 올려놓고 오로지 닭털을 뽑고 계시다
내 팔뚝에 오톨도톨 닭살이 돋는다
이윽고 다 식어버린 물에
첨벙!
털 뽑힌 닭이 볏짚 위에 벌렁 드러눕는다

펄펄 끓는 오한,
의사는 내 후두가 전부 헐었다고 했다

3부 · · · 그건 그렇다고 말해야 한다

윤이월

어미는 아비의 잠든 사타구니에 손을 넣어
난황 두 개를 훔쳐냈네
난황 두 개를 아랫배에 감춰두고
매일 밤 정화수 떠올려
삼신할미께 치성을 드렸네
보름달이 뜨고 지고,

어미 배는 점점 만삭으로 부풀어 올라
어느 날 난황껍데기 콕 콕 쪼아대며
새끼들이 기어 나왔네
여섯 마리 새끼들 산으로 뭍으로 강으로
제각각 삶의 질을 찾아 흩어졌네
이제 어미는 가물가물 늙느라
아비의 난황쯤은 잊은 지 오래고,

어미는 늙은 뱃가죽을 쓸어 올리며
흩어진 자식 찾아 세월 밖을 떠돌았네
여태도 잠에서 깨나지 않은 아비만 홀로 남아
빈 사타구니 움켜쥔 채
바득바득 세월을 갉고 있었네

녹 낀 자화상

김, 종, 임, 이런 친구들이
시골 버스정류장에 서 있었다
아직도 흰 칼라 까만 교복을 입은 채
단발머리 그 애들은 말이 없었다
나는 벌써 어른이 됐어, 말해주고 싶은데
아무도 눈을 들어 나를 보지 않았다
혹시 밀랍인형들이 아닐까 생각을 모을 때
그 애들이 천천히 움직이기 시작했다
책가방을 챙겨들고 잠시잠깐 사라졌다가
다시 똑같은 얼굴을 하고 나타났다
표정 없이 차례로 나타나선 얼어붙은 듯
도로 그 자리에 우뚝 서 버렸다
무슨 일이 있는 걸까
정말 무슨 일이 있어 미래로 가는 길을 놓쳐버린 것일까
녹 낀 거울 속으로 과거의 시간을 들여다보며
다시 한 번 김, 종, 임,
이런 친구 이름들을 나직이 불러보았다
아무리 애를 써도 녹 낀 거울은
미래의 시간을 열어 보여주지 않고
버스도 정류장도 과거에서 정지한 채

단발머리 교복 소녀들은
언제까지나 한 자리에 머물러 있었다

꿈의 자장가

무서워요 엄마
아이는 잘려나간 제 머리칼을 보고 놀라 소리친다
얘야 저건 생명이 다한 거란다
여자는 아이를 끌어안는다
여자의 젖무덤은 말랑말랑 따뜻하다
아이의 숨소리가 쿵쿵 펌프질을 한다
엄마 머리카락이 자꾸만 쫓아와요
아이는 비칠비칠 물러선다
얘야 그건 환각이란다 이제 그만 잠을 자 두렴
여자는 아이를 위해 달콤한 자장가를 부른다
여자의 품 안에서 아이는 꿈을 꾼다

저것 봐, 죽은 머리카락이 파닥파닥 움직여, 윙윙 모세혈관에 피톨이 돌기 시작해, 싱싱한 피가 흐르고 있어, 팔딱팔딱 심장도 뛰기 시작해, 팔다리가 생겨나고 머리가 돋아나, 저기 저것 좀 봐, 발가락이 꿈틀꿈틀 살아 움직여, 몸이 점점 커지고 있어, 머리카락이 길게 뻗어 나오고 있어, 엄마 무서워요

죽었던 물체가 반짝 눈을 뜬다
아아 배고파

물체가 일어나 여자의 젖무덤을 움켜쥔다
놀랍게도 잠든 아이와 똑같이 닮아있다

꿈의 젖

자, 다 자란 아가야 어미젖을 먹어보렴
젖이 흘러나오니? 흘러나오는 젖은 달콤하니?

(아니, 아니, 젖은 나오지 않아)

자, 다 자란 아가야 무릎 베고 누워 어미젖을 먹어보렴
이제 젖이 나오니? 달콤한 젖이 흘러나오니?

(아니, 아니, 젖은 흐르지 않아)

그렇다면 다 자란 아가야 젖가슴에 손을 넣어 흔들어보렴
찰랑찰랑 젖 흐르는 소리 들리지 않니?

(아니, 아니, 젖은 벌써 메말라버렸어)

이것 보렴 다 자란 아가야
사실을 말하자면 꿈속의 젖이 진짜 달콤한 법이란다
자, 이제 어미젖을 물고 꿈을 청해보렴

(아니, 아니, 나는 절대로 꿈을 꾸지 않아)

이것 보렴 다 자란 아가야 그렇게 투정을 부릴 때가 아니란다
꿈속엔 언제나 달콤한 젖이 흐르고 있지
이번 한 번만 더 어미 말을 믿어보렴

(……………………………)

(……………………………)

밥솥도 뜨거우면 울음 운다

밥솥이 우는 소리를 들은 것은
오늘 한낮의 오후였다
며칠 굶은 가스레인지에 밥솥을 올려놓고
깜빡 잠이 들었을 때
밥솥이 소리 내어 울고 있었다
시퍼런 가스 불에 제 영혼이 소진되어 간다고
치이잉 치이잉
길게 소리 빼내어 울고 있었다

죽음이 우는 소리를 처음 들은 것은
한여름의 어느 시립화장장에서였다
폐암덩어리 마른 육신이 화덕에 밀어 넣어지고
젊은 미망인이 가없이 서서 묵주를 굴리고 있을 때
불꽃을 견디지 못한 죽은 육신이
제 주인을 소리쳐 부르고 있었다
마지막 남은 영혼이 사라져간다고
소리 빼내어 뜨겁게 울고 있었다

죽음의 의례를 거치고 나면
마지막 영혼이 사라진다는 것을

밥솥도 이미 알고 있었던 것일까
시퍼런 가스 불 위에서 제 몸이 타들어가자
딸랑딸랑 빨간 추의 요령을 흔들어가며
여름 한낮 주인의 혼곤한 잠을
온몸으로 깨우고 있는 것이었다

내 방에 헛것들이 나타났다

천구백육십년정월보름날, 어린 헛것들이 빙 둘러앉아 다리뽑기놀이에 열중이다 젊은 엄마는 무명 끈으로 머리를 싸매고 아랫목에 누웠는데 한거리짓거리각거리인사만사주머니끈짝벌려새앙쥐우리집에고땡! 헛것 하나가 신이 나서 맨 먼저 다리 하나를 무릎 밑에 감춰놓는다 한거리짓거리각거리인사만사주머니끈 다시 노래가 이어지고, 짝벌려새앙쥐우리집에고땡! 끝나기 무섭게 다리 하나가 재빨리 감춰진다 다리가 감춰질 때마다 놀이의 속도도 빨라진다 고개가 척척 맞아 돌아가고 손놀림이 좌우로 리듬을 탄다 벌칙을 피하려고 헛것 하나가 타박을 하면 다른 헛것이 토라지기도 하는데 아이고 머릿골이야! 자리에 누운 젊은 엄마는 훼훼 손을 내젓는다 몇 개 남은 다리 사이를 박자가 건너뛰며 날아다니고 손놀림도 가볍게 넘나든다 우리집에고땡! 드디어 마지막 남은 하나가 술래가 되었다 헛것들이 시치미 떼고 손가락을 쭉 펴서 술래에게 내민다 어떤거엇? 요거엇? 아니, 틀렸다아! 헛것들이 다시 술래의 뒷꼭지를 콕콕 찍어대는데, 아이고 머릿골 땡겨 도저히 못 참겠네 젊은 엄마가 끄응 일어나 빗자루를 잡는다 어린 헛것들이 우르르 사라진다

정적 고요 하얗다

이천사년섣달그믐날, 서가래 내려앉은 안방에 여섯 명의 중늙은이 헛것들이 다 모여 앉았다 두 눈에 쌍심지 켜들고 화투판에 달라붙어 광풍초풍에청홍단쌍피에쓰리고!고! 화투짝을 날리고 있는데, 여태도 젊은 엄마는 무명 끈에 머리 싸매고 누워 아이고 이것들아! 방구들에 처박혀있지 말고 이젠 제발들 밖에 나가 놀아라 훼훼 손을 내젓고 있다

아버지의 외출

비비새가 날아와 비춧비춧 울어댔다
아버지는 계속해서 우물 속으로 들어갔다
대체 우물 속에 뭐가 있다고 그러세요
그런다고 아버지 과거가 용서되는 건 아니에요
아버지가 흘깃 올려다보았다
얘야 함부로 조롱하지 말아라
네 어밀 데려와야 한다
어련하시겠어요
차라리 촛불을 켜들지 그러세요
꼭 그렇게 이죽거려야 속이 후련하겠니
봐라, 죽은 네 에미가 날 부르고 있다
아버지는 간헐적으로 숨을 헐떡거렸다
아버지 쓸데없는 고집이에요
남은 우린 다 살아가게 돼 있어요
아니다 이건 너희들 때문이다
아암 그렇지 다 너희들 때문이고말고
아버지는 고집스럽게 우물 속으로 들어갔다
그러나 아버지의 숨소리는 점점 잦아들었다
눈도 점점 감겨들었다
숨이 차서 더는 들어갈 수가 없구나

잠시 눈 좀 붙여야겠다
아버지는 우물 바닥에 누워버렸다
잘하셨어요 아버지 곧 편안해지실 거예요
어둡지 않게 촛불을 켜드릴게요
아버지는 더 이상 대꾸가 없었다
비비새가 비춧비춧 울면서 날아갔다
다시는 돌아오지 않았다

구멍 난 아버지의 방

우리는 삶은 박 속을 파먹기 시작했다
부엌바닥에서 모두가 게걸스러웠다
네 애빈 줄 것 없다, 엄마는 단호했다
위장이 요동치기 시작했다
나는 희멀건 이 박 속이 정말 싫어
기름진 고깃국에 쌀밥 한 고봉 배터지게 먹길 원해
그러나 아버지는 대낮부터 취해 나자빠져 있었다
들으렁들으렁 잠꼬대소리가 거인 같았다
어째 저런 인간은 귀신도 안 잡아간다냐
엄마는 밤마다 악을 써댔다
거인아 없어져라 당장 죽어 없어져라
나도 매일 밤 주문을 외워댔다
허연 달밤에 아버지는 지붕 위로 올라갔다
박 속에 웅크리고 앉아 도무지 깨어나질 않았다
엄마는 도끼를 들어 쿵쿵 박 줄기를 찍어냈다
가마솥에서 마지막 박이 통째로 삶아졌다
우리는 부엌 바닥에 퍼질러 앉아 박 속을 헤집었다
모두가 아귀 같았다
한 방울 국물까지 모조리 핥아졌다

실컷 배 두드리며 모두가 곯아떨어진 밤
구멍 난 아버지가
캄캄한 지붕 위로 다시 기어오르고 있었다

고장 난 꿈

옛다 받아라! 죽은 어머니가 나타나서 흔쾌한 목소리로 병아리 세 마리를 방바닥에 던져 주셨다 오오 요 이쁜 병아리! 보듬어 끌어안고 입맞춤을 하다가 문득, 이것들도 정 줘서 키워야 하나 숲 속에 갖다버린 새끼고양이들은 어떡하나 이것들도 조금 키워 건사하기 힘들어질 때 내다버릴까 나는 시원치 않는 오줌줄기를 질금거리다 밑씻개도 없이 한 무더기 똥을 철푸덕 싸질렀다 아무래도 버린 고양이들을 다시 데려다 키우는 게 낫지, 그런 생각을 하는 참인데 입안에서도 노란 똥이 줄줄 새어 나왔다 동글길쭉한 새끼고양이 똥, 입 닦을 휴지를 찾는 동안 휙 하니 바람이 불어오고 길게 구멍 난 창호지 문짝이 벌커덕 열리며 무엇이 불쑥 쳐들어오는데, 어이쿠 깜짝이야! 버려진 새끼고양이가 냐옹– 냐옹– 길게 소리치며 껑충 뛰어 들어왔다 이미 까만 토끼로 변해버린 고양이를 끌어안고 나는 엉엉 우는데, 기척도 없이 그렇게 뛰어들면 어쩌자는 거야? 죽은 어머니가 새끼고양이 꼬랑지를 치켜들고 엉덩이짝을 철썩 갈겨댔다 그 소리에 화들짝 눈을 뜨니 방 한 구석에 머리 맞댄 병아리가 삐악거리며 줄줄 흐르는 눈물을 서로 핥아주고 있었다

눅눅한 伏날

빗줄기가 골목을 후리며 지나간다 끈적하게 흘러내리는 국물에서 건져 올린 개 수육 한 쟁반, 허기진 사내들 입주름이 식욕으로 번들거린다 쩝쩝 입맛 다시는 품새들, 푹 삶아진 수육을 한입에 쑤셔 넣는다 소리가 씹히며 굶주린 수육이 입속으로 빨려 들어간다 단백질 누린내가 사내들 목구멍을 타고 역겹게 풍겨진다 시간이 흐를수록 실내는 더욱 찐득해지고 사내들은 점점 비굴해져간다 사내들이 결기를 세울 때마다 하루치의 생들이 타액처럼 들러붙는다 여기 쏘주 한 병 더! 벌써 몇 번째 찬 소주를 꺼내오며 주인사내는 간도 들지 않은 부추 한 접시를 서비스로 내놓는다 비쩍 마른 사내 하나가 일어서다말고 어지러운 벽에 이마를 짚는다 아까부터 납작하게 엎드려 있던 늙은 개 앞으로 수육 한 점이 떨어진다 기다렸다는 듯이 늙은 개가 침을 질질 흘리며 몸을 일으킨다 금이빨을 내보이며 입이 찢어져라 하품을 해내넌 주인사내가 개 엉덩이를 냅다 한방 갈긴다 목널미 늘어신 개의 목구멍에서 갸갈갸갈 이상한 신음이 흘러나온다 주인사내는 기울어진 의자에 엉덩이를 도로 밀어 넣는다 게걸스런 시간이 흐르고 사내들 목구멍에서 배부른 트림이 터져 나온다 이빨 새를 쑤시며 사내들이 비틀비틀 골목을 빠져나간다 어둑해진 골목이 눅눅한 습기로 가라앉는다

쉿, 밤의 소리

초록뱀이 깊은 동굴 속에서 기어 나왔다 빌딩숲 어둠을 헤치며 초록뱀은 도심의 거리를 느리게 지나친다 건조한 바람이 마지막 마른 잎을 훑고 지나간다 도심 바닥으로 어둠이 사납게 몰려든다 외투 깃을 세운 한 사내가 길 방향을 잡지 못하고 서성거리고 있다

사내 어깨 위로 파리한 별무리들이 쏟아져 내린다 길 중심에서 어둠을 지키고 있는 개[犬]의 청동조형물, 조형물은 혓바닥을 길게 빼어 물고 낮게 엎드려 있다 어둠 속에서 회색 피리소리가 들린다 피리소리는 바람처럼 조형물의 아가리에서 새어나온다 쉿, 쉿, 밤의 피리소리는 어둠의 뱀을 불러낸다 사내는 숨 죽여 찢어진 뱀의 눈을 주시한다 시시각각 조여 오는 소리의 공포, 고막에 이명이 몰리며 사내는 자신의 동공을 최대한 확장시킨다 뱀의 눈 꼬리가 점점 치켜 올라간다 어느 틈에 그것은 스르륵 몸뚱이 풀어 소리 없이 달겨든다 한순간이다, 바짝 여윈 정강이에 이빨이 쑤셔 박힌다 쉿, 쉿, 눈에 보이는 것은 아무것도 없다 모든 상황은 찰나인 것이다

회색빌딩과 가로등의 구멍 틈새로 초록뱀의 꼬리가 길게 사라진다 마른 바람이 몰려와 어느새 구멍을 삼켜버린다 별들은 창백하게 질려 있고 사내는 어둠의 틈입을 언제까지 노려보고 있다

그건 그렇다고 말해야 한다

죽은 닭 벼슬이 하얗다 생닭 집 여자는 단 한번으로 닭 모가지를 동강내고, 탁 탁 탁 능숙한 솜씨로 몸통을 분리해 비닐봉지에 담아낸다 양 날개 홰를 치며 길게 내지르고 싶은 소리의 충동, 잘 길들여진 목청은 불과 일순의 시간을 놓쳤을 뿐인데, 불안하고 혼란스런 일들은 예측 없이 일어나기도 한다 누군가는 말했다 "키스를 하고 나면 목 졸라 죽이고 싶어" 모가지 움켜쥔 백정은 단번에 닭의 멱을 땄을까

바닥에 쪼그리고 앉아 가위를 벌린다 삶아진 닭 머리가 가윗날 한 번에 물큰하게 잘려진다 질질 흘러내리는 기름, 번질거리는 기름을 털어내고 어젯밤 여섯 마리 새끼를 쏟아낸 어미고양이의 몸보신을 시켜준다 밤낮을 혹사시켜 알을 부화시킨 양계장주인, 그의 핏발 선 눈이 웃고 있다 모가지 비틀린 소리의 고통을 어미고양이는 가늠할까 실컷 배불린 어미고양이, 냥냥냥 포만감에 쌓여 제 새끼들에게 젖을 빨리러 들어간다

묵호

바다가 그리워지거나, 흠씬 술에 젖고 싶어지거나,
엉엉 울고 싶어지기라도 하면, 사람들은 허둥지둥
이 술과 바람의 도시를 찾아나서는 것이었다.
–심상대, 「묵호」에서

그때 나는 몽유였다
방파제는 바람 한 점 없었고
바다는 고요했다
바람조차 모두 바다의 무덤 속으로 떠났을까
소주 한 잔을 털어 넣듯
삶의 멀미에서 도망쳐 떠나온 곳

그러나 내면에선 우르릉 우레가 들끓었다
바다의 무덤으로 나를 데려가 줘 데려가 줘
나는 막아선 방책선 앞에 한사코 매달렸다
바다는 쉽게 동요하지 않았다
얘야 떠나거라 바다에는 아무것도 없단다* 인간의 멀미로 다시 돌아가거라
오후 네 시를 이고
바다는 가차 없이 몽유를 밀어냈다

나를 받아줘 나를 받아 무덤 속에 넣어줘
어둠이 내려앉을 때까지
바다는 뒤척일 기미를 보이지 않았다

바다 속 무덤까지 가닿지 못한 몽유가
지친 우레를 스스로 증발시킬 채비로 돌아섰을 때야
바다는 천천히 몸을 일으켰다
고요한 어둠을 밀어내며
열세 개의 집어등 불빛으로 나를 이끌어 갔다

* 심상대, 「묵호」

나와 박쥐와 아버지

1
내가 아이일 적에 아버지는 말하셨다
울지 마라 아가야
자꾸 울면 곽쥐가 와서 물어간단다
밤이 되면 곽쥐가 물어갈까 무서워
이불 밖으로 손도 내놓지 못했다

2
내가 커서 임꺽정을 읽었다
아이의 울음소리만 들리면 도리깨로 내려치는
곽쥐를 거기서 만났다
실제 이름은 곽오주였다

3
어느 날 어른이 돼서 아버지께 여쭈었다
아버지 사실은 곽쥐가 곽오주였지요?
그게 무슨 말이냐?
아버지가 반문하셨다
어릴 적 곽쥐 말예요 아이가 울면 와서 물어간다는
아버지는 아니라고 했다 박쥐가 맞다고 했다

곽쥐가 아니라 진짜 박쥐였다고요?
그래 집 뒤곁에 실제로 박쥐가 살고 있었다
아버지 답변은 명쾌했다
그 박쥐가 언제부턴가 자취를 감춰버렸다

4
오늘 아버지가 길에서 돌아가셨다
인터넷 뉴스에서는 박쥐 한 마리가
디스커버리호에 무임승차해
영원히 우주로 날아갔다고 전했다

사막물고기

너무 외로워서 뒷걸음질로 걸었다는
사막물고기는 지금 보이지 않았다
누구는 달 속의 늑대가 한입에 물고
구름 속으로 날아갔다 했고
누구는 전갈에 물린 날개를 퍼덕이다
한순간 어둠 속으로 사라져버렸다고 했다
어쩌면 그날의 사건은 낮이 아닌 밤이었으므로
한낱 떠도는 풍문일지도 몰랐다
물병자리가 내려와 주르륵 물을 쏟아 붓고는
다시 별자리로 올라갔다
나를 데려 가세요 혼자 하는 여행이 외롭진 않을 거예요
물병자리 물고기자리 양자리 황소자리 쌍둥이자리 게자리
사자자리 처녀자리 천칭자리 전갈자리 사수자리 염소자리가
서로 다투어 자신의 별자리를 종용해 왔다
그러나 한번은 단단히 외로워질 필요가 있으므로
다른 별자리의 말은 모두 무시하기로 했다
발가벗어도 늘 캄캄하던 시절,
흙바람벽을 파먹으며 사막물고기를 찾아가는
여행을 줄곧 꿈꿔 왔었다
이제 이쯤에서 사막여행 궤도를 변경해야 할

시점에 온 듯했다
사막 한가운데에 서서 이리저리 고심을 하다가
하늘 별자리로 올려 보내는 것으로
이번 사막여행을 끝마치기로 했다
너무 외로워서 뒷걸음질로 걸었다는
사막물고기는 이제 열세 번째 별자리가 되었다

4부 · · · 문

13월의 월경

네가 찾아와 시커먼 성기를 내 입에 쑤셔 넣고
마지막 절정을 쏟아냈다
입안 가득 넘쳐나는 끈적한
배설물,
한 방울 찌꺼기가 목구멍으로 흘러들었다

웩웩 구토가 올라왔다

수도꼭지를 틀어 몇 번이고
입안을 헹구어냈다
목이 아팠다
안 되겠어, 무례한 성기를 잘라버려야겠어
결심하는데 눈물이 다 났다

에그, 그러게 몸을 따뜻하게 해줘야지
젊은 엄마가 쯧쯧 혀를 찼다
괜찮아 엄마 금방 따뜻해질 거야

일찍 죽은 엄마께 진심으로 미안했다

먹는 나이

나는 날고 있는 것이다
하늘 끝닿을 미루나무 꼭대기에서 꼭대기 사이로
초가지붕과 초가지붕을 건너뛰어서
나무전봇대의 전선줄을 스르륵 타고 내려와
날개 없이도 날고 있는 것이다
뒤에는 아버지가 무섭게 쫓아오고 있다
금방 손아귀에 잡힐 듯 위태위태하지만
지금껏 잡혀본 적은 없으므로 스릴을 즐기며
마음껏 날고 있는 것이다
자, 어디 한번 붙잡아 보시지!
한참을 날다 돌아보니
아버지가 보이지 않는다
그렇다면 이쯤에서 착지해야지
먼지 쌓인 골방이기도 하다,
어두컴컴한 헛간이기도 하다,
흙벽 무너진 변소이기도 하다,
하여간 꼭꼭 숨어라
그러나 채 숨 고르기도 전에 문고리가
달칵!
아버지가 귀신같이 쫓아왔다

이미 들킬 줄은 알고 있었으므로
자 어서 눈을 떠!
반짝 눈을 떴다
키 한 뼘이 슬쩍 줄어든 것이다

아버지의 우화등선

아버지는 손바닥으로 구더기들을 모으고 있었다
아버지 뭘 그리 애를 쓰세요
빗자루로 한꺼번에 쓸어담아 아궁이에 던지면 될 것을요
얘야 꼭 태울 것까지야 있겠느냐
이것들도 다 목숨붙인데
아버지는 아랑곳없이 변소 간에 쭈그려 앉아
막 번데기가 시작되려는 구더기들을
손으로 하나하나 집어내고 있었다
아버지가 달라진 것이다
언제부터 아버지가 달라졌을까
죽어버리겠다고 엄마가 소동을 부리고 난 후부터였다
엄마가 입으로 가져가는 농약사발을 채뜨려
엎어버린 후부터 아버지는 달라졌다
무궁화 울타리에 말뚝 치는 일부터 시작해서
집안 구석구석을 돌아가며 일거리를 찾아냈다
무너져 내린 흙벽 외양간을 고치고
오랫동안 불들이지 않는 굴뚝을 손봤다
가족만을 위해 살기로 작심한 듯
아버지는 쉬지 않고 일을 만들었다
이웃들과 말을 섞지 않는 것은 여전했으나

분명 아버지는 달라져 있었다
부드럽고 온화해졌으며
무엇보다 눈의 살기가 사그라져 있었다
이제 우리는 엄마가 살아있는 집에서
엄마의 살내를 맡으며 살아가면 그만이었다
복사꽃이 활짝 봉오리를 터트리고
샘물은 찰랑찰랑 순하게 고여졌다
개구리가 제 아가리보다 더 큰 뱀을 물고
첨벙 샘물 속으로 뛰어든 불상사 외엔
모든 것이 다 평온했다

명랑한 죽음
–고 정영우 시인

너도 봤지 먼저 가는 것도 나쁜 것만은 아냐 응
그래 아주 대단한 일하셨어

야야 살아 언제 내가 이 많은 사람들을 나만 위해 불러봤겠냐 몇 개씩 세워진 저 화환들도 죽고 나서 처음이다
어련하실려구

하여간 젊어 죽었으니 백두옹 되지 않을 자신은 백 프로다 하하
으이구 그 오만 어째 주무시나 했지

사실 그렇잖냐 죽은 나는 이렇게 멀쑥하게 웃고 있잖냐
오만이 아주 달관의 경지까지 도달하셨어

그렇더라도 너는 파파할멈이 될 때까지 명줄 옳게 보존해라 제 명을 끊고 온 자는 그 동네서도 주류는 못 될 것 같더라
옳으신 말씀, 이제야 뭘 제대로 파악하신 것 같네

야야 그렇다고 너무 다잡진 마라 나도 다 생각이 있었던 거지 그건 그렇고 산자와 망자인 우리 대화도 꽤 재밌지 않냐

무슨 말이 더 필요해

그런데 여기저기 널브러져 자는 저것들이 왜 다 시체로 보이냐 그것도 노숙자 시체
어이쿠 그 오만 끝까지 나오신다 미련 남아 어떻게 저승 가실까

하하 오만으로 비쳤다면 미안하다 암튼 문상객 노릇 고단할텐데 너도 편한 자리 골라 한잠 붙여라
남 걱정 접어두고 선배나 눈 좀 붙여두시지

물론 나도 이승에서의 마지막 잠은 달게 자둘 참이다 야야 잠깐, 너 내 장지까지 따라와 줄 거지
당연한 걸 뭘 확인하려들어

역시 너답다 그럼 이따 보자 하하

꿈의 막

잠자던 어린것이 반짝 눈을 뜨더니 엄마! 부르며 갈고리 손으로 내 목덜미를 휘감았다 나는 소스라쳐 놀라 얼른 어린것을 떼 내어 구석으로 밀쳐버렸다 그러자 어린것은 금방 생글 웃는 낯빛으로 바꾸어 가만 다가와 내 얼굴을 어루만지는 것이었다

아가야 눈빛이 천사 같은 내 아가야
너는 아직도 생글생글 웃고 있는데
내 입술은 일그러지고 있다
가엾은 아기, 쇠갈고리에 잡혀 강제로 끌려나온 내 아기
세상의 빛도 보기 전에 너는 시궁창에 던져졌다
그 순간에도 너는 천사의 눈으로 생글거렸다
찢어진 열여덟 여린 자궁을 꿰매며
나는 소리죽여 울다가 웃다가를 반복했다
모든 것은 다 지나갔다고 생각했다
붉은 젖무덤 죽어라 움켜쥐려던 네 손아귀도
아옹아옹 멀어지던 네 울음소리도
이제는 모두가 끝났다고 생각했다

열여덟 해만의 해후! 나는 연신 아가의 볼에 가시박힌 입술을 문지르고 아가의 볼에선 새빨간 눈물이 흘러내린다 아가의

눈물을 핥으며 나는 점점 고통스러워진다 볼이 빨간 아가는 여직도 생글 생글 웃고 있는데 오, 눈알 없는 내 아기

붉은 나비

내 생애 첫 애인, 그 여름 나는 하늘공원에서 애인 입술을 더듬었다 바람을 더듬던 내 손길은 구름처럼 느긋했고 새털처럼 가벼웠다 바람이 스치는 애무! 애인 입안에 오톨도톨 돌기가 돋아나기 시작했다

내 생애 첫 애인, 나는 애인 입술을 벌리고 달팽이 속살처럼 부드러운 혀를 밀어 넣었다 애인 입속은 깊고 깊어서 한없이 빨려 들어갔다 애인은 수줍어지고 나는 조급해졌다 나는 애인 혀뿌리에 긴 혀를 말아 감았다 그때 바람이 지나갔다 요요한 바람! 애인 혀가 점점 발기되는 것을 느끼며 나는 앞니를 세워 애인 혀끝을 잘근거렸다 애인 혀끝에서 비릿한 향기가 흘러 나왔다 나는 애인의 첫 향기를 황홀히 빨아들였다

내 생애 첫 애인, 애인은 속살을 헤집으며 뜨겁게 밀착해왔다 이제 애인은 대담해지고 있었다 애인 혀가 깊숙이 말려들어오자 바람이 불어왔다 부드럽고 달콤한 바람! 치렁치렁한 내 머리카락이 애인 목덜미로 흘러내렸다 애인 입안에 단물이 고이기 시작했다 나는 흘러넘치는 애인의 향기를 정신없이 빨아들였다 애인이 살짝 고개를 들어 올렸다 순간 내 모가지가 톡 하고 떨어져나갔다 애인은 주저 없이 하늘공원으로 날아올랐다

내 생애 첫 애인, 그는 붉은 나비였다

주름진 방

둥근 거울을 벽에 걸어두고
더듬더듬 주름진 벽 속으로 들어가면
거기, 낮게 엎드린 내 영혼이 놓여 있고

이상한 층층의 나선형 계단을 돌아가면
거기, 한 번도 일별한 적이 없는
내 몸과 내 영혼이 서로 몸 부비며 울고 있다

상처 난 영혼들을 위해
나는 나만의 방을 준비해 두고 싶었다
주름진 벽들을 일거에 제거하고
나만의 비밀열쇠를 간직하고 싶었다

지금 상처 입은 내 영혼은 어디로 흘러가고 있는 것일까
내 영혼이 도달해 쉬어야 할 접점의 끝은 어디일까

나보다 더 오랠 생들을 위해 둥근 거울을 열고
긴 복도를 걸어 나오면
거기, 이상한 층층의 나선형 계단이 새로 놓여 있고

주름진 벽 속에선
아직도 치유되지 못한 또 다른 내 영혼이
불모처럼 낮게 엎드려 슬피 울고 있다

김덕기 씨의 무성영화

#1. 중절모자 머리에 눌러 쓰고 키 작은 김덕기 씨가 까망 지팡이 내두르며 폴짝폴짝 인도를 들어서고 있다

아버지 그 시간 어디로 가는 길이셨어요
꼭 정해놓은 길은 아니었다
그래도 목적지가 있어 길을 나서셨던 것 아니에요
그게 말이다 항상 목적지 있는 길만 다니는 것은 아니잖느냐
아버지가 늘 다시시던 구역을 벗어나셨어요
재차 말하마 나도 미리 정해놓은 길은 아니었다 이제 됐느냐

#2. 여섯 자손이 김덕기 씨의 유품이 담긴 두 개의 비닐봉지를 지팡이에 끼워 메고 틀틀틀 사체 안치실을 나서고 있다

얘들아 나만 남겨두고 가버리면 어쩌자는 것이냐
사인이 떨어질 때까지 아버진 기다리셔야 해요
집으로 데려 가다오 혼자는 정말 싫구나
그럴 수가 없어요 아버지 혼자서 견디셔야 해요
옷이라도 입혀다오 옷이 없어 나는 춥구나
이젠 우리도 별 도리가 없어요
어째 마루타가 된 심정이구나

지금부터 우리는 아버지 가실 곳을 정해야 해요

#3. 검정두루마기로 차려입은 김덕기 씨가 영정사진 속에 들어앉아 무르춤한 눈길로 내려다보고 있다

애들아 오일 장례가 나는 버겁구나
그건 우리도 마찬가지예요 아버지
굳이 길게 갈 필요가 없는데도 그랬구나
처음 상황이라 좌충우돌 의견이 분분했어요
그래 내 갈 곳은 정해진 게냐
국립묘지와 가족납골당에서 번복되고 있어요
마음 닿는 곳으로 정하거라 나는 아무 곳이든 상관없다

#4. 연안김씨승주부사파 여든다섯 생을 벗어놓은 김덕기 씨가 흰 지팡이 빙글빙글 돌리며 서대산 가족묘원 납골당에 안착하고 있다

고장 난 말

너는 누구니
이빨도 없는 물체가 점점 더 노골적으로
또는 집요하게 달려들어 장딴지를 깨물어댔다
그것은 고장 난 말이라고 말했다
이러지 마 제발
누군가 손전화기를 꺼내들고 경찰을 불렀다
술 한 잔이 얼큰히 들어가자
고장 난 말이 다시 물크러지기 시작했다
저런 땐 또 어쩌지
경찰이 와서 고장 난 말을 데리고 갔다
데려가지 말아요
고장 난 말을 어디로 끌고가는 거예요
늙은 취객이 소리쳤다
돌 속에 갇힌 말이 다시 경찰을 불러댔다
내가 데리고 왔단 말이야
뛰어봤자 부처님 손바닥 안이지
물크러진 이빨이 다시 해파리처럼 달라붙었다
내 금테 안경은 또 누가 집어간 거야
수세미 같은 머리채를 뒤흔들며 늙은 취객이
말들이 고장 났다고

재빨리 경찰 장부에 적고 있다

퍼즐놀이

다량으로 술 마신 날은
모든 말들이 취몽으로 떠다니곤 해
말들이 몸을 타고 몽실몽실 날아다니지
어제의 대화들과 딱딱 아귀를 맞추며
톱니바퀴처럼 하나로 굴러다니지
다리 한번 휘청 흔들리면
몇 컷은 뚝뚝 잘려 나가기도 해
갈 갈 갈
나는 도망치는 말들을 잡으러
어지러운 머리통을 마구 굴려대지
못다 한 말들이 침묵으로 끌려들고 있어
내 몸은 취한 말들을 타고 둥둥 떠다니지
그러다 말짱히 술 깨면 다시 줄줄이 끌려나오지
한 컷 한 컷 필름을 재생해보면
모든 말들이 따로따로 분출돼 있는 거야
그런데도 하나의 분절 없이 아주 리얼하게
대화의 고리로 엮여져 있지
그래서 가끔씩 다량으로 퍼마시는 거야
모든 말들을 재조립시킬 수 있는
나만의 퍼즐놀이를 위해서

자 소주에게 건배를!

문

당황할수록 숨결은 더욱 팽팽히 조여 왔다
기어코 발목이 접혀졌다
내리막길이 주르륵 미끄럼을 탔다
거기 누구 없어요 길을 잃었어요
초침은 빠른 속도로 어둠을 끌어당겼다
얘야 겁먹지 말아라
창문을 열어주는 일은 아무것도 아니란다
연약한 부리로 먹빛 우주를 삼키지 않아도 된단다
방충망 앞에서 할딱이는 작은 숨소리가
전신으로 쿵쿵 울려왔다
소리칠수록 심장은 더욱 뜨겁게 펌프질해댔다
손잡이 없는 출구가 너무 많았다
출구가 많아 숲 문을 빠져나갈 수가 없었다
뱀 한 마리가 수풀 속으로 숨어들고
개구리가 풀쩍 뛰어 달아났다
산고양이는 더욱 놀랐겠지
달음질쳐오는 내 눈과 마주치자
딸꾹질하듯 순식간에 몸을 감춰버렸다
뱀-? 개구리-? 고양이-?
놀란 것은 나도 마찬가지여서

무서움을 이기려고
그 자리에 우뚝 서서 소릴 질렀다
캄캄한 숲은 전부 열려 있었다
작은 새야 그래서 내 손길이 두려웠니

꿈의 연옥

*

짱짱한 햇볕이 감춰진 뒷골목을 혼자 지날 때였다고 했다 뒷골목은 적막했고 뜻밖에도 못 보던 한옥 세 채가 나란히 있었다 너는 이상한 호기심에 끌려 닫힌 대문 틈을 이리저리 기웃대고 있었다 그때 맞닿은 골목에서 도포자락의 근엄한 노인이 나타났다 너는 머쓱해져 들고 있던 양산을 펴서 얼른 얼굴을 감췄다고 했다 노인은 흰 두건을 고쳐 쓰며 말없이 지나쳤다 순간 온몸에 오싹한 한기가 몰려왔다 수상한 기운에 재빨리 골목을 빠져나오는데 참 이상도 하지! 활짝 열려진 한옥 끝집에서 유장한 판소리가락이 흘러나왔다 한옥 마당의 햇볕은 쨍쨍했고 그늘 좁은 마루에선 한 무리 노인들이 도포자락을 휘날리며 춤을 추고 있었다 켜 놓은 흑백텔레비전 화면 속 춤사위를 그대로 재현하는데 그것은 누구도 흉내 낼 수 없는 빼어난 춤사위였다

–그렇게 손바닥 그림자를 딱딱 마주치면 죽게 돼

–시간이 없어 빨리 다음 장면으로 넘어가

춤사위는 한층 고조를 더해가고 한쪽에선 알 수 없는 다급한 말들이 오갔다 벌어진 상황이 너무 괴이해서 너는 한순간도 눈을 떼지 못했다 바로 그때 골목에서 마주쳤던 노인이 눈앞에서 매섭게 쏘아보고 있었다 남의 일에 상관 말고 갈 길이나 가라는 무언의 압력이었다 너는 움찔 놀라 얼른 대로변으로 나왔다

대로는 오가는 차량들과 행인들로 북적였지만 어느 누구도 한옥에서 벌어지는 광경 따위엔 관심을 보이지 않았다 한옥을 마주한 세탁소 사내만이 늘어진 세탁물 아래서 판소리가락을 흥얼거리며 손바느질에 몰두하고 있었다 정말 알 수 없는 일이라며 네가 다시 열린 대문 안을 들여다봤을 때 한 무리 노인들은 여전히 좁은 마루에서 흰 도포자락을 휘날리며 바쁜 춤사위를 고르고 있었다

**

그리고 너는 말했다 아무래도 대로변 이쪽저쪽이 완전 딴 세계에 있는 듯했다고 며칠이 지나 이상한 풍경을 텔레비전 어느 프로에서 본 듯했다고 이어 너는 아주 진지한 어투로 다시 말했다 짱짱한 햇볕이 감춰진 뒷골목을 홀로 지날 때엔 모종의 이상한 징후를 감지해야 할 것이라고

검은 꿈길

그때 나는 네 손을 꼭 잡고 흙바닥에 누워 있었다 꼭 맞춤한 관의 크기였다 얼굴 위로는 는개가 차갑게 흩뿌려지고 있었다 "내가 사람을 죽였어 모두가 빙 둘러서서 돌멩이로 심판을 해버렸어" 나는 잡은 네 손을 가슴 위로 끌어올렸다

의견 없는 자, 이 늙은 여자에게 돌을 던져라
사람들이 한꺼번에 달려들어 돌을 들었다
기어코 늙은 여자를 돌무덤 속에 묻어버렸다
다중과 의견이 맞지 않는다는 한 가지 이유였다
무서워 여기서 달아나고 싶어
나는 정신없이 사람들을 피해 도망쳤다
발걸음은 멈추니 비탈진 무덤 앞이었다
그래 여기가 가장 안전할 것 같아
네모반듯하게 흙바닥을 파냈다
내 키에 꼭 맞는 자리였다

그런데 어떻게 네가 알고 찾아왔을까 흙 관 속에 누워 너는 오소소 떨었다 "괜찮아 도망자는 나인데 왜 네가 떨고 있니" 나는 목 아래 팔베개를 돋아 너를 위해 자장가를 불렀다 그래 내 사랑 우리 아기 두려워 마, 아빠가 여기 있어요 그냥 작은 꿈

이에요 이제 다 갔으니까 두려워할 건 없어 눈을 감아요, 자장가를 불러줄게 머리를 들고 마음을 닫아요 그리고 푹 자요*

*Celine Dion, 〈Sleep Tight〉

새를 찾아서

겨울잠을 자는 짐승처럼 석삼 년 방에만 웅크리고 있다가 그날 햇살에 이끌려 산에 올랐습니다 햇살 와르르 쏟아져 빈 마음을 잡아 흔들더군요 삐삐 삐비비! 어디선가 새 한 마리 자꾸 울었습니다 울음소리만 가지고는 그것이 솔잣새인지 지빠귀인지 도저히 알 길이 없었습니다 삐삐 삐비비! 고운 새 울음에 이끌려 무작정 산으로 들어갔습니다

새 울음소리 흉내 내며 들어가다가 나무둥치에 걸려 곤두박질치고 말았습니다 가시 하나가 날카로운 발톱처럼 눈알을 찔러오더군요 화가 나서 힘껏 나무둥치를 걷어찼습니다 그러나 석삼 년 방안에 웅크려 있느라 잘뚝해진 다리로는 어림없는 일이었지요 풀죽어 고개 드니 허리 뒤틀린 아까시나무가 허공에 누워 낄낄대고 있었습니다 벌떡 일어나 무작정 나무 등걸에 올라탔습니다 그리곤 두 팔을 하늘로 내뻗어 마구 엉덩이를 굴렀습니다 두둥둥! 나무둥치가 공중으로 떠오르더군요 신이 났습니다 자, 삐비새를 찾아 떠나자! 두 발로 나무둥치를 흔들어 갈기를 세웠습니다

나무둥치를 거머쥐고 온산을 내달았습니다 빈 산이 성난 짐승처럼 한바탕 소용돌이를 일으키더군요 그 소란에 새 울음은

점점 멀어져갔습니다 멀어지는 소리 쫓아 단내가 나도록 마구 채찍을 내리쳤습니다 힘센 나무둥치도 어지간히 지쳐갈 때였습니다 어느 틈에 삐비새 한 마리 머리 위에 와서 울고 있었습니다 쉿, 숨죽여 손을 내뻗는 순간 가쁜 숨을 몰아쉬던 나무둥치가 털썩 주저앉아버렸습니다 그 소리에 삐비새는 화르륵 날아가 버렸습니다 삐삐 삐비비! 멀리 산울림만이 새 울음소리로 되받아치고 있었습니다

자살 꽃

만약 내가 늑골이었다면,
그리고 네가 활이었다면,
너와 나는 악기가 되어 등뼈연주를 시작할 수도 있었을 테지
허파에 가득 채운 바람을 청중으로 두고
늑골로 활을 긁어대며 공명의 연주를 시작할 수도 있었을 테지

바로 그때 이십 층의 건물이 바람에 흔들렸다 너무 미세해서 잠시 착시현상을 일으킨 듯했다 프리다의 그림에서 빠져나온 헤일리가 이십 층 건물 아래로 가볍게 뛰어내리는 것이 보였다 그녀의 몸은 구름처럼 가벼워서 반짝 피어나는 라일락꽃 같았다 때마침 변덕스런 바람이 물기를 몰고 와 까닭모를 슬픔에 와락 잠겨버리고 말았는데, 글쎄 너는 지금 왜 여기에 와 있지?

우르릉 쾅 천둥소리가 허공에 떠서
이십 층 늑골을 흔들어 보이고
곧 소낙비를 몰고 올 먹구름 속엔
또 다른 물기 젖은 바람이 몰려올 테지
우산을 준비하지 않은 너는
그 비 다 젖고 갈지 몰라

사중주를 울리며 반쪽 달아나버린 늙은 느티나무는 우산대신 사정없이 눈을 찔러대는 햇살을 들고 나왔으므로 한 점 꽃으로 피어난 헤일리와 영원한 자살 꽃으로

| 해설 |

소외된 여성성에서 절대적 여성성으로의 여정

김진경(시인)

여성성의 세 차원

성경의 에덴동산 이야기에서 보듯이 신화의 첫머리를 이루는 이야기 중의 하나는 이러저러한 잘못으로 인간이 낙원에서 추방당하는 것이다. 그런데 그 이러저러한 잘못이란 도대체 어떤 것일까?

에덴동산에서 쫓겨나는 아담과 이브의 이야기를 보면 그 이러저러한 잘못은 무화과의 열매를 따먹고 '지혜'를 얻은 것이다. '지혜'를 얻었다는 것은 인간이 '언어'를 사용하기 시작했다는 뜻이라고 할 수 있다. 모든 앎이란 언어를 통해 이루어지는 것이니 '지혜'를 갖게 되었다는 것은 '언어'를 갖게 되었다는 걸 의미할 수밖에 없다.

그런데 언어를 갖는 게 왜 그렇게 큰 죄인가? 인간은 언어를 사용함으로써 나와 내가 아닌 것을 구분하고 내가 아닌 것을 대상화한다. 다시 말해서 인간은 언어를 사용하는 순간 자연에 속한 존재에서 자연에서 분리되어 자연을 대상으로 바라보는 존재로 바뀌는 것이다. 이렇게 자연을 대상화함으로써 인간에게는 자연을 자신의 필요와 의도에 맞게 변화시키는 이차적 창조가 가능해진다. 이 이차적 창조가 신에 대한 도전일 수 있음은 바벨탑 이야기에 잘 나타나 있다. 인간들이 언어사용을 통해 얻은 지혜로 교만해져 하늘 즉 신의 세계에까지 닿는 바벨탑을 쌓기 시작한다. 이에 화가 난 신은 인간들의 언어를 다 다르게 만들어버린다. 그러자 탑을 쌓던 사람들이 서로 말이 안 통해 뿔뿔이 흩어지고 만다.

성경의 창세기는 위와 같이 부계의 신화로 읽힌다. 로고스 즉 이성과 질서의 세계는 남성의 세계이다. 말씀으로 우주를 창조하는 창세기의 신은 남성적 신이다. 자신을 창조한 아버지, 신의 권능에 속했던 언어를 훔침으로써 낙원에서 쫓겨나는 아담은 아버지에 도전하는 아들이다.

그런데 위와 같은 부계 신화의 이면을 곰곰이 들여다보면 신화의 더 근원적 차원인 여성성의 얼굴이 숨어 있다. 그 여성성의 얼굴은 주로 신화의 마이너스 측면에 감추어진 채로 모습을 드러내고 있다. 아담과 이브가 받는 징벌의 내용을 살펴보자. 아담은 지혜 즉 언어를 얻은 대가로 별 노력 없이 자연에서 모든 걸 얻던 상태에서 쫓겨나 땀 흘려 가족을 부양해야 하는 벌을 받는다. 즉 아담은 모든 걸 향유할 수 있었던 자연이라는 큰 어머니의 품으로부터 쫓겨나는 벌을 받은 것이다.

이것이 실낙원의 내용이다. 이러한 벌은 오늘날에도 언어를 습득하면서 엄마의 품을 떠나 사회 문화 질서 속으로 들어가는 아이들이 반복해서 겪는 실낙원이기도 하다. 아이들은 언어세계라는 사회 문화적 질서 속으로 편입되면서 의미를 얻는 대신 만족을 주던 실재로서의 어머니의 품을 상실한다.

이브는 아이를 잉태하고 고통스럽게 분만해야 하는 벌을 받는다. 그런데 이브가 받는 벌은 창세기 신화의 전체 구조에 어딘가 잘 들어맞지 않는다. 그럼 에덴동산에서는 아담과 이브가 성적 존재가 아니었단 말인가? 그럼 신이 남성인 아담을 창조하고 그 갈비뼈를 취하여 여성인 이브를 창조했다는 말은 무엇인가?

아마도 인간이 겪는 가장 원초적인 실낙원은 성적 존재로 태어나는 것일 게다. 성적 존재로 태어난다는 것은 죽는 존재가 된다는 것을 뜻하기 때문이다. 성적 생식을 통해 후손을 남김으로써 종은 이어지지만 그 대가로 인간 개체는 죽어야 한다.

아메바같이 단성 생식을 하는 존재에게는 죽음이라는 개념을 적용시키기가 어려울 것이다. 끊임없이 하나가 둘로 둘이 넷으로 나누어져 여러 개체를 이루기 때문에 개체의 존속과 종의 존속이 잘 구분되지 않는다. 그런 점에서 아메바는 영속하는 자연의 생명(라깡의 용어로 '라 멜르')에서 분리되지 않은 존재이다.

아메바와는 대조적으로 양성생식을 하는 존재들은 개체의 죽음을 대가로 종을 이어간다는 점에서 영속하는 자연의 생명력으로부터 분리된 존재이다. 인간이 성적 존재로 태어남으로써 영속하는 자연의 생명으로부터 분리되어 죽어야 하는 존재가 된다는 것은 인간이 겪는 가장 원초적 실낙원에 해당할 것이다. 이 원초적 실낙원은 분명히 언어를 획득함으로써 자연이라는 어머니의 품인 에덴동산에서 쫓겨나는 사건보다 먼저 일어났던 사건임이 분명하다. 그런데 왜 성경은 인간이 성적 존재로 태어남으로써 겪는 원초적 실낙원의 사건을 인간이 언어를 획득함으로써 겪는 이차적 실낙원의 사건과 동시에 일어난 것처럼 기록해 놓았을까? 그것은 소나 말, 돼지 개와 같은 동물과 인간을 비교해 보면 쉽게 알 수 있다. 소나 말은 암수가 구분된 존재로 태어나지만 그것을 원초적 실낙원의 비극으로 인식하지 못한다. 인간만이 성적 존재, 죽어야 하는 존재로 태어나는 것을 원초적 실낙원의 비극으로 인식한다. 인간만이 언어를 가지고 있기 때문이다. 즉 원초적 실낙원은 이차적 실낙원보다 먼저 일어난 사건이지만 그것이 인식되는 것은 인간이 언어를 획득할 때 동시에 인식된다. 그래서 에덴동산에서 쫓겨나는 이야기 속에 원초적 실낙원과 이차적 실낙원이 동시에 일어난 것처럼 기록해 놓은 것일 게다.

그런데 여기서 재미있는 것은 에덴동산 이야기에서 이차적 실낙원의 사건은 아담에게 배분되어 있고, 원초적 실낙원의 사건은 이브에게 배분되어 있다는 점이다. 아담은 모든 걸 베푸는 어머니로서의 자연의 품으로부터 쫓겨나 땀 흘려 노동을 해야만 하는 이차적 실낙원의 짐을 지는 것으로 되어 있고, 이브는 임신과 출산의 고통 즉 죽음을 대가로 종을 이어가는 원초적 실낙원의 짐을 지는 걸로 되어 있다. 이는 남성이 로고스 즉 언어적 사회 문화적 질서의 세계에 가까운 존재인 반면 여성은 영속하는 자연의 생명과 가까운 존재임을 나타내는 것일 게다. 우리는 여기서 절대적 여성성의 차원을 발견한다.

이브는 성의 구분을 넘어선 절대적 여성성으로서의 '영속하는 자연의 생명'에 닿아 있는 존재이다. 하지만 '영속하는 자연의 생명'에 닿는 방식은 매우 모순적이다. 성적 존재는 자기 개체의 파괴인 죽음을 통해서만 절대적 여성성으로서의 '영속하는 자연의 생명'에 귀의할 수 있다. 성행위와 출산, 예술, 종교 등 인간의 몰아沒我적 행위 속에는 죽음에의 충동이 숨어 있다. 자기파괴를 통해 성의 구분을 넘어선 절대적 여성성으로서의 '영속하는 자연의 생명'에 귀의하고자 하는 복낙원復樂園의 충동이다.

우주를 창조하는 인도의 최고 여신은 두 가지 얼굴을 가지고 있다. 그 한 얼굴은 영속하는 생명과 창조이지만 또 다른 얼굴은 파괴와 죽음이다. 파괴와 죽음의 얼굴은 성적 존재인 인간이 바라본 우주창조 여신의 모습이다. 성적 존재인 인간에게 우주창조의 여신은 자기파괴와 죽음을 통해서만 도달할 수 있기 때문에 그렇게 보이는 것이다.

아담이 언어를 획득함으로써 쫓겨나는 어머니의 품으로서의 자연은 이미 성이 부여된 여성성이다. 아담이 잃어버린 어머니의 품으로서의 자연은 어머니의 품을 떠나는 아이들에게서 반복된다. 아이들은 태어나서 어머니와의 상상적으로 충족된 이자二者관계 속에서 살다가 언어의 세계, 사회 문화적 질서의 세계로 들어오면서 어머니로부터 분리된다. 상상적으로 모든 것을 충족시켜주던 실체로서의 어머니를 영원히 상실하는 것이다. 이렇게 아이가 영원히 상실하는 실체로서의 어머니가 여성성의 또 하나의 차원이다.

어머니를 영원히 상실한 아담의 후예는 성장하면서 환상대상을 통해 잃어버린 낙원으로서의 어머니를 찾아다닌다. 그 환상대상이란 다름 아닌 어머니를 환기시키는 특정한 여성이다. 아담의 후예는 잃어버린 낙원을 되찾아줄 것 같은 여성에 접근해 보지만 잃어버린 낙원을 되찾는다는 것은 환상에 불과함을 깨닫는다. 아담의 후예는 또 다른 환상대상으로서의 특정한 여성을 향해 나아간다. 이렇게 아담의 후예에게 환상대상으로서 나타나는 여성은 여성성의 가상 현실적 차원이다. 이 현실적인 여성성은 남성 위주의 현실질서 속에서 극단적인 소외를 경험하기도 한다.

소외된 여성성에서 절대적 여성성으로의 여정

이 시집에 실린 김자흔의 시들은 한마디로 '소외된 여성성으로부터 절대적 여성성으로 나가는 여정'이라 할 수 있다.

남성의 환상대상으로서의 여성의 소외를 넘어서는 일차적 방식은 여성이 남성적 방식으로 남성을 욕망하는 것일 게다. 즉 여성도 잃어버린 유아기의 아버지에 대한 환상대상으로서 남성을 욕망하는 것이다. 이러한 남성과 여성의 관계는 빗나갈 수밖에 없다. 남성이든 여성이든 궁극적으로 욕망하는 것이 상대방이 아니라 상대방이 환기시키는 어떤 것이기 때문이다. '성관계는 없다.' 라는 라깡의 명제는 이를 두고 한 말이다.

> 내 생애 첫 애인, 나는 애인 입술을 벌리고 달팽이 속살처럼 부드러운 혀를 밀어 넣었다 애인 입속은 깊고 깊어서 한없이 빨려 들어갔다 애인은 수줍어지고 나는 조급해졌다 나는 애인 혀뿌리에 긴 혀를 말아 감았다 그때 바람이 지나갔다 요요한 바람! 애인 혀가 점점 발기되는 것을 느끼며 나는 앞니를 세워 애인 혀끝을 잘근거렸다 애인 혀끝에서 비릿한 향기가 흘러 나왔다 나는 애인의 첫 향기를 황홀히 빨아들였다
>
> 내 생애 첫 애인, 애인은 속살을 헤집으며 뜨겁게 밀착해왔다 이제 애인은 대담해지고 있었다 애인 혀가 깊숙이 말려들어오자 바람이 불어왔다 부드럽고 달콤한 바람! 치렁치렁한 내 머리카락이 애인목덜미로 흘러내렸다 애인 입안에 단물이 고이기

> 시작했다 나는 흘러넘치는 애인의 향기를 정신없이 빨아들였다 애인이 살짝 고개를 들어 올렸다 순간 내 모가지가 톡 하고 떨어져나갔다 애인은 주저 없이 하늘공원으로 날아올랐다
>
> —「붉은 나비」 부분

위 시의 화자인 여성 '나'는 남성인 애인에 맞서는 욕망의 주체로서 애인을 욕망하고 탐닉한다. 하지만 애인은 욕망을 충족시켜 줄 것 같은 환상적 대리물에 불과하다. 그렇기 때문에 탐닉의 순간 남녀의 관계는 어긋난다. 애인이 고개를 살짝 올리는 것만으로 내 모가지가 툭 떨어져 나가고 애인은 붉은 나비가 되어 주저 없이 날아가 버린다. 그래서 첫 애인은 그 남성 자체로서보다 환상의 아우라인 붉은 나비로 남아 있다. 김자흔의 시에서 환상대상으로서의 남성에 탐닉하는 유의 시는 그러나 극히 소수이다.

서로 환상대상을 추구하는 남녀관계는 궁극적으로는 소외된 관계이다. 남성은 이 소외된 관계를 넘어서기 어렵다. 그래서 돈 주앙이나 카사노바가 남성상으로 부각되기도 하는 것이다. 남성은 영원히 잃어버린 어머니를 환기시키는 환상대상으로서의 여성을 끊임없이 찾아다닌다.

하지만 여성은 여성성의 다른 두 차원이 있기 때문에 이 소외된 관계를 넘어서는 자기만의 길을 가기도 한다. 이 소외된 관계를 넘어서는 길의 첫 단계는 모성일 것이며 두 번째 단계는 파괴와 죽음의 얼굴을 갖는 절대적 여성성일 것이다.

우리 사회의 남성적 질서가 허용하는 한계는 환상대상을 추구하는 남성에 맞서 같은 방식으로 남성을 추구하는 여성성과 모성까지일 것이다. 전자는 페미니즘을 추구하는 근래의 소설들에서 많이 다루어졌던 것이고, 후자는 고래로 문학작품들 속에 표현되어오던 것이다.

김자흔 시가 위에서 더 나가 있는 부분은 모성과 절대적 여성성을 겹쳐놓는 부분이다. 김자흔의 모성은 그래서 자비로운 전통적인 모성과는 거리가 멀다. 일정 정도는 파괴와 죽음의 얼굴을 하고 있는, 성의 구분을 훨씬 넘어서 있는 절대적 여신을 닮아있다. 그래서 김자흔의 모성은 매우 도발적으로 느껴진다.

> 죽은 닭 벼슬이 하얗다 생닭 집 여자는 단 한번으로 닭 모가지를 동강내고, 탁 탁 탁 능숙한 솜씨로 몸통을 분리해 비닐봉지에 담아낸다 양 날개 홰를 치며 길게 내지르고 싶은 소리의 충동, 잘 길들여진 목청은 불과 일순의 시간을 놓쳤을 뿐인데, 불안하고 혼란스런 일들은 예측 없이 일어나기도 한다 누군가는 말했다 "키스를 하고 나면 목 졸라 죽이고 싶어" 모가지 움켜쥔 백정은 단번에 닭의 멱을 땄을까
>
> 바닥에 쪼그리고 앉아 가위를 벌린다 삶아진 닭 머리가 가윗날 한 번에 물큰하게 잘려진다 질질 흘러내리는 기름, 번질거리는 기름을 털어내고 어젯밤 여섯 마리 새끼를 쏟아낸 어미고양이의 몸보신을 시켜준다 밤낮을 혹사시켜 알을 부화시킨 양계

장주인, 그의 핏발 선 눈이 웃고 있다 모가지 비틀린 소리의 고통을 어미고양이는 가늠할까 실컷 배불린 어미고양이, 냥냥냥 포만감에 쌓여 제 새끼들에게 젖을 빨리러 들어간다

—「그건 그렇다고 말해야 한다」 전문

시에서 닭의 멱을 단번에 따고 서슴없이 토막 내는 생닭 집 여자, '키스를 하면 목 졸라 죽이고 싶어.' 라고 말하는 누군가, 삶은 닭의 머리를 가위로 잘라내는 나, 그 닭머리를 배불리 먹고 어젯밤 쏟아낸 새끼들에게 젖을 먹이는 고양이는 냉혹한 파괴와 죽음을 딛고 생명을 창조하는 절대적 여성성의 면모를 보여준다. 이렇게 냉혹한 파괴와 죽음의 가면을 쓰고 있는 생명력의 이미지는 김자흔의 시에 반복해서 나타난다.

혓바닥은 노릇하게 구워
맛소금 간을 치고
간덩이는 곱게 다져
마늘 소스에 버무린다
선골은 차게 식혀
웰빙 푸딩을 만들어야지

복날에 개기름 뻘뻘 흘려가며 아비 하나를 통째로 복달임했네.

—「복달임」 부분

아이는 파헤쳐진 고양이 뱃속을 휘저어 따뜻한 간을 꺼내든다 간을 먹는 아이의 입술이 파리하다 이따금씩 부정한 기운을 타고 죽은 고양이울음이 공중전화부스 안을 맴돌지만 아이는 아랑곳없이 길게 자란 손톱을 내세워 마지막 남은 심장에 이빨을 박는다 비쩍 마른 손가락 사이로 따뜻한 피가 흘러내린다 작은 혓바닥을 내밀어 아이는 손가락 마디마디를 핥는다 어둠 속에서 죽은 고양이 눈알이 치아옹치아옹 비명을 질러댄다 고양이 한 마리를 깨끗이 먹어치운 아이는 공중전화부스 벽에 곱사등을 웅크려 곤한 잠에 떨어진다 자정 넘은 시간 또 다른 아이가 조심조심 공중전화부스 안으로 들어서고 있다

—「아이가 고양이를 먹고 있다」 부분

「복달임」은 복날 집에서 개를 잡아먹는 이야기인데 마지막 행의 '아비 하나를 복달임했네.' 에서 사마귀 암컷이 짝짓기를 마친 수컷을 잡아먹는 이미지로 역전되어 충격을 준다. 이러한 잔인한 파괴와 죽임, 먹음은 「아이가 고양이를 먹고 있다」에선 여성을 넘어 아이에게까지 확대된다. 그런데 이 아이는 도대체 어디서 온 아이인데 고양이를 먹고 있을까?

가엾은 아기, 쇠갈고리에 잡혀 강제로 끌려나온 내 아기
세상의 빛도 보기 전에 너는 시궁창에 던져졌다
그 순간에도 너는 천사의 눈으로 생글거렸다
찢어진 열여덟 여린 자궁을 꿰매며
나는 소리죽여 울다가 웃다가를 반복했다

모든 것은 다 지나갔다고 생각했다
불은 젖무덤 죽어라 움켜쥐려던 네 손아귀도
아옹아옹 멀어지던 네 울음소리도
이제는 모두가 끝났다고 생각했다

열여덟 해만의 해후! 나는 연신 아가의 볼에 가시박힌 입술을 문지르고 아가의 볼에선 새빨간 눈물이 흘러내린다 아가의 눈물을 핥으며 나는 점점 고통스러워진다 볼이 빨간 아가는 여직도 생글생글 웃고 있는데 오, 눈알 없는 내 아기

―「꿈의 막」 부분

「꿈의 막」의 아이는 위 시에서 보면 남성적 질서에 의해 부정당할 수밖에 없었던 모성과 생명이다. 열여덟의 여린 자궁에서 강제로 꺼내져 시궁창에 버려진 아이는 다 잊어버린 줄 알았는데 냉혹한 파괴와 죽임, 먹음 위에서 꽃피는 잔인하고 끈질긴 생명의 모습으로 끊임없이 되돌아온다.

그런데 이렇게 남성적 질서에 의한 모성과 생명의 부정이 어찌 '나'에 국한된 일이랴? 그것은 할머니에서 어머니로 어머니에게서 '나'에게로 이어지며 일어나고 있었던 일이나.

그러나 아버지는 대낮부터 취해 나자빠져 있었다
들으렁들으렁 잠꼬대소리가 거인 같았다
어째 저런 인간은 귀신도 안 잡아간다냐
엄마는 밤마다 악을 써댔다

거인아 없어져라 당장 죽어 없어져라
나도 매일 밤 주문을 외워댔다
허연 달밤에 아버지는 지붕 위로 올라갔다
박 속에 웅크리고 앉아 도무지 깨어나질 않았다
엄마는 도끼를 들어 쿵쿵 박 줄기를 찍어냈다
가마솥에서 마지막 박이 통째로 삶아졌다
우리는 부엌 바닥에 퍼질러 앉아 박 속을 헤집었다
모두가 아귀 같았다
한 방울 국물까지 모조리 핥아졌다
실컷 배 두드리며 모두가 곯아떨어진 밤
구멍 난 아버지가
캄캄한 지붕 위로 다시 기어오르고 있었다

—「구멍 난 아버지의 방」 부분

아버지로 상징되는 남성적 질서는 무책임하고 무능하며 이기적이다. 엄마는 그런 아버지가 속에 웅크리고 있는 박을 따 가마솥에 통째로 삶아 아이들에게 먹인다. 아이들은 국물 한 방울까지 모조리 핥아먹는다. 그래서 아버지는 구멍 난 아버지가 된다.

이 시를 보면 「복달임」에서 개를 잡아먹는 것을 왜 아비를 먹는 것이라고 이야기하는지를 이해할 수 있다. 무책임하고 무능하며 이기적인 남성적 질서 속에서 그 척박함 자체를 먹이 삼아 새끼들을 키우는 어머니의 강인한 생명력이 그렇게 딸에게 이어지고 있는 것이다.

김자흔의 시에 등장하는 여성은 도시의 세련된 젊은 여성이 아니다. 도시의 세련된 젊은 여성들은 남성적 질서의 한계를 넘어서기 어렵다. 남성이 환상대상으로서 여성을 욕망하듯이 여성이 환상대상으로서 남성을 욕망하는 것, 그것이 페미니즘의 전부라면 여성이 남성적 방식의 욕망에 자신을 가둔다는 점에서 한계가 있는 게 아닐까?

김자흔의 시에 등장하는 여성은 아름답지 않고 그로테스크하다. 남성적 질서에 의해 부정당한 여성성과 생명이 돌아오는 모습은 그렇게 그로테스크할 수밖에 없다. 그것은 아름다움의 영역이 아니라 숭고함의 영역이다.

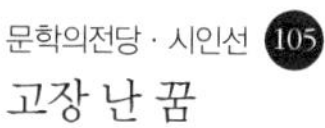

고장 난 꿈

초판인쇄 2011년 1월 25일
초판발행 2011년 1월 30일

지 은 이 김자흔
펴 낸 이 김충규
펴 낸 곳 **문학의전당**
출판등록 제387-2003-00048호(2003년 9월 8일)

주　　소 121-718 서울특별시 마포구 공덕2동 404번지 풍림VIP빌딩 202호
전화번호 02-852-1977
팩시밀리 02-852-1978
블 로 그 http://blog.naver.com/mhjd2003
전자우편 mhjd2003@naver.com

I S B N 978-89-93481-82-2 03810